MARCO POLO

Ligurien

Reisen mit Insider Tipps

Italienische Riviera
Cinque Terre

Diesen Reiseführer schrieb Bettina Dürr, die seit zwei Jahrzehnten zwischen Italien und Deutschland pendelt. Sie hat mehrere Marco Polo Reiseführer geschrieben.

www.marcopolo.de

Infos zu den beliebtesten Reisezielen im Internet, siehe auch Seite 102

SYMBOLE

MARCO POLO INSIDER-TIPPS:
Von unserer Autorin für Sie entdeckt

MARCO POLO HIGHLIGHTS:
Alles, was Sie in Ligurien kennen sollten

HIER HABEN SIE EINE SCHÖNE AUSSICHT

WO SIE JUNGE LEUTE TREFFEN

PREISKATEGORIEN

Hotels		Restaurants	
€€€	ab 150 Euro	€€€	ab 16/12 Euro
€€	90–150 Euro	€€	10–16/8–12 Euro
€	bis 90 Euro	€	bis 10/8 Euro

Die Preise gelten für ein Doppelzimmer ohne Frühstück. In der Hochsaison vermieten viele Hotels nur mit Halbpension.

Die Preise gelten für ein Hauptgericht *(secondo)*, für ein Nudel- oder Reisgericht *(primo)* ohne Beilagen *(contorni)*.

KARTEN

[114 A1] Seitenzahlen und Koordinaten für den Reiseatlas Ligurien

[U A1] Koordinaten für die Karte Genua im hinteren Umschlag

[O] außerhalb des Kartenausschnitts

Zu Ihrer Orientierung sind auch die Orte mit Koordinaten versehen, die nicht im Reiseatlas eingetragen sind.

GUT ZU WISSEN

Die »Alta Via« **15** · Renzo Piano **16** · Ligurische Spezialitäten **20**
Im Land der Olive **39** · Das große Brutzeln **52**
Glamour in Ligurien **67** · Cinque-Terre-Card **75** · Lesestoff **106**

Inhalt

Die besten Marco Polo Insider-Tipps ... vorderer Umschlag
Die wichtigsten Marco Polo Highlights ... 4

Auftakt ... 7
Entdecken Sie Ligurien!

Geschichtstabelle ... 8

Stichworte ... 13
Flüssiges Gold und goldenes Zeitalter

Essen & Trinken ... 19
Die grüne Küche

Einkaufen ... 23
Feine Handarbeit

Feste, Events und mehr ... 24

Riviera di Ponente ... 27
Im Land der Blumen und Palmen

Riviera di Levante ... 49
An der Küste der schroffen Felsen

Cinque Terre ... 69
Fünf Klippendörfer, die verzaubern

Genua ... 77
Sie nennt sich mit Recht die Stolze

Ausflüge & Touren ... 87
Mit dem Auto und zu Fuß durch das unbekannte Ligurien

Sport & Aktivitäten ... 93
Paradies für Gipfelstürmer und Wasserratten

Mit Kindern reisen ... 97
Wale und Haifische gucken

Angesagt! ... 100

Praktische Hinweise ... 101
Von Anreise bis Zoll

Sprachführer ... 107

Reiseatlas Ligurien ... 111
Kartenlegende Reiseatlas ... 113
Marco Polo Programm ... 125
Register ... 126
Impressum ... 127

Bloss nicht! ... 128

Die wichtigsten MARCO POLO Highlights

Sehenswürdigkeiten, Orte und Erlebnisse, die Sie nicht verpassen sollten

1 **Palio del Golfo in La Spezia**
Eher noch als der Wettkampf auf dem Meer reizt hier die fieberhafte Feststimmung der Einheimischen (Seite 25)

2 **Noli**
Hier zeigt sich die Riviera besonders gut erhalten von ihrer mittelalterlichen Seite (Seite 36)

3 **San Remo**
Das alte Flair der Rivierasommerfrische mischt sich mit neuem Rummel (Seite 40)

4 **Giardini Botanici Hanbury**
Das Rivieraklima machts möglich: die an Pflanzenvielfalt reichste Gartenanlage Norditaliens (Seite 47)

5 **Camogli**
Hier zeigt Ligurien besonders schön die Farbenpracht seiner Häuserfassaden (Seite 50)

6 **Baia del Silenzio**
Ein Traum von Strand: die von pastell leuchtenden Häusern bekränzte Bucht der Stille in Sestri Levante (Seite 56)

7 **Stele aus der Lunigiana**
Geheimnisvolle Figuren aus Stein, stumme Zeugen eines uralten Kults, im Museo Civico Archeologico in La Spezia (Seite 59)

Traumbucht: Baia del Silenzio

Legendär: Kasino in San Remo

Wanderweg in den Cinque Terre

★ 8 **San Fruttuoso**
Ein Muss: der Ausflug zu Fuß oder per Schiff zu dieser eindrucksvollen romanischen Abtei (Seite 67)

★ 9 **Vernazza**
Wohl das schönste von den fünf an der traumhaften Cinque-Terre-Küste gelegenen Dörfern (Seite 71)

★ 10 **Bootsfahrten**
Vom Meer aus sieht man am besten die aufregende Küste mit den Dorfnestern und abenteuerlichen Rebzeilen der Cinque Terre (Seite 74)

★ 11 **Altstadt**
Genuas Altstadt: spannendes Gassenlabyrinth aus Kasbah, alten Palazzi und neuen Kneipen (Seite 77)

★ 12 **Via Garibaldi**
Prachtvolle Palazzi voller Kunst aus der Zeit, als Genua die reichste Stadt Europas war (Seite 81)

★ 13 **Wandern**
Zwischen Himmel und Meer: wunderbare Wanderrouten längs der Küste und über die hohen Bergrücken (Seite 95)

★ 14 **Grotte di Toirano**
Für Groß und Klein: ein Spaziergang durch die kristallinen Eingeweide der Kalkberge (Seite 98)

★ 15 **Acquario**
Das Aquarium in Genua: der perfekte Familienausflug – kaum zu glauben, wie viel kurioses Getier es im Meer gibt (Seite 99)

★ *Die Highlights sind in der Karte auf dem hinteren Umschlag eingetragen*

Entdecken Sie Ligurien!

Flanieren unter Palmen und durch die Gassen bunter Küstenstädtchen, lebhaftes Strandleben und Sonnenbaden auf steiler Klippe

Es ist Winter in Ligurien, aber die Sonne scheint unverdrossen, und überall blühen die Kamelien in Weiß, Rot, rosa und natürlich die knallgelben, zartblütigen Mimosen. Dank der Olivenhaine, der Steineichen und japanischen Magnolien, dank der großblättrigen Bananenstauden und Palmen grünt es auch im Winter in allen Schattierungen. Allerorten wird gewerkelt und gepinselt, die Bewohner der Badeorte längs der Küste bereiten ihre Hotels, Eiscafés und Strandbäder auf den Ansturm der Sonnensucher vor. Die wunderbar pastellfarbigen Häuser, die aufs Meer schauen, bekommen einen neuen Anstrich. In den Dutzenden von Sporthäfen längs der 350 km langen Küste wird geklopft und gestrichen, um die weißen Motor- und Segelyachten angemessen in Empfang nehmen zu können. Im März beginnt die lange Saison. Doch wegen des begnadet milden Klimas kann man das ganze Jahr über an die ligurische Riviera fahren – was ihr den Ruf eines Rentnerdorados zum Überwintern einbrachte.

Palmenpromenaden: Sinnbild des milden Klimas der Riviera

Strandleben all'italiana: Sonnenschirm und Liegestuhl gehören stets dazu

Aber die Zeiten der leicht angestaubten, etwas ältlichen Riviera sind längst vorbei. Sowieso hatte alles ganz anders begonnen: In der zweiten Hälfte des 19. Jhs. waren die ersten Sommergäste aus England aufgetaucht, auf der Suche nach Sonne, nach mediterraner Pflanzenwelt und Lebensart. Sie guckten sich Bordighera, Alassio, San Remo aus, es entstanden wunderbare Luxushotels, Palmenpromenaden, traumhafte Parkanlagen, Kaffeehäuser, Theater und Spielkasinos. Einiges davon hat überlebt, viele schöne Villen sind mittlerweile in Ferienwohnungen umgewandelt worden, für das wohlhabende jüngere Bürgertum aus Turin und Mailand. Die exklusive Tradition macht sich auch im Preisniveau be-

Geschichtstabelle

um 180 000 v. Chr. Erste Höhlenmenschen siedeln an Liguriens Westküste

200–191 v. Chr. Die Römer unterwerfen Ligurien

641 n. Chr. Der Langobardenkönig Rothari erobert Genua und macht Ligurien zu seiner Provinz

773/774 Karl der Große erobert das Langobardenreich

ab 1096 Genua baut seine Wirtschaftsmacht aus, weil es mit einer bewaffneten Handelsflotte an den Kreuzzügen teilnimmt

1284 Genua gewinnt für ein gutes Jahrhundert die Alleinherrschaft über das Tyrrhenische Meer und wird zum stärksten Konkurrenten des blühenden Venedig

1380 Kampf zwischen Venedig und Genua. Venedig trotzt Genua den Turiner Frieden ab, wonach Genuas Einfluss aufs westliche Mittelmeer beschränkt bleibt

1492 Der in Genua geborene Kapitän Christoph Kolumbus entdeckt Amerika für die spanische Krone

1522 Die unabhängige Republik Genua entsteht, ihr bedeutendster Doge wird Andrea Doria, Genuas Glanzzeit beginnt

1746 Österreich, immer wieder auf der Suche nach einem Zugang zum Meer, besetzt Genua

1797 Die Republik Ligurien mit Genua als Hauptstadt wird gegründet

1814/15 Der Wiener Kongress spricht Genua dem Königreich Sardinien zu

1861 Viktor Emanuel II. eint das Land und wird erster König von Italien

1946 Nach Monarchie, Faschismus und Zweitem Weltkrieg entscheiden sich die Italiener mehrheitlich für die Staatsform der Republik

1992 Die 500-Jahr-Feiern zur Entdeckung Amerikas durch Kolumbus sorgen in Genua für neuen Aufschwung

2001 Beim Weltwirtschaftsgipfel in Genua kommmt es zu schweren Gewalttätigkeiten zwischen Globalisierungsgegnern und der Polizei, ein Demonstrant wird erschossen: erster autoritärer Auftritt der rechtspopulistisch-neoliberalen Berlusconi-Regierung (2001–2006)

2004 Genua ist europäische Kulturhauptstadt

2006 Die *rolli,* die Altstadtpalazzi Genuas, kommen auf die Unescoliste des kulturellen Welterbes

merkbar: Ligurien ist kein billiges Pflaster, man merkt es an den Hotel- und Restaurantpreisen, an den Tarifen für Liegestühle, am Cappuccino an der Hafenpromenade.

Doch wie überall in der Nachkriegszeit hat sich auch hier der Massentourismus ausgebreitet. In den Katalogen der Reiseveranstalter stehen die Badeorte der ligurischen Küste mit an erster Stelle. Dennoch, dieses leicht mondän angehauchte Flair hat sich irgendwie erhalten können, ein Flair voll genießerischen Zaubers. Allein die traumhaften Gartenanlagen mit ihrer einzigartig reichen Pflanzenwelt verzaubern Tausende von Besuchern.

» Viele Villen wurden in Ferienwohnungen umgewandelt «

Gegen Abend setzt man sich zum Sundowner an ein Cafétischchen, z. B. an der Bucht von Portofino, einem der schönsten und exklusivsten Flecken der an schönen Flecken wahrlich nicht armen Küste Italiens. Vergessen sind die verheerenden Regengüsse des Herbstes, die viele Wasserläufe immer wieder in reißende Sturzbäche verwandeln und die Kanalisation Genuas sehr rasch an die Grenzen ihres Fassungsvermögens bringen. Wer genau hinschaut, erkennt in manchen Tälern noch die Erosionsspuren und Erdrutsche, die diese Unwetter verursacht haben. Vergessen sind die Waldbrände unter der gleißenden Sommersonne. In diesem Moment gilt das Interesse allein der gewichtigen Frage, wo man am Abend speisen wird. Die Beute aus Meer und Wäldern und die Produkte der von der Sonne verwöhnten Gemüse- und Kräutergärten ergeben eine ausgezeichnete Küche – für Italienfans bekanntlich ein Reisemotiv erster Güte.

Riviera: Aus dem Italienischen übertragen heißt das Küstensaum,

Ein schöner Spaziergang durch Gemüsegärten führt von Camogli hinauf nach San Rocco, wo sich der Blick auf den Golfo di Paradiso öffnet

Gestade, – und der ist in Ligurien 350 km lang. Die 1,8 Mio. Bewohner der mit 5415 km^2 drittkleinsten Region Italiens siedeln zu 90 Prozent in den Orten längs der Küste. Allein die Regionalhauptstadt Genua nimmt mit ihren 650 000 Ew. rund 30 km Küstenstreifen in Anspruch, etwa genau auf der Mitte zwischen der Ponente zum Südwesten und der Levante zum Südosten hin.

»Wale und Delfine sind wieder vor der Küste aufgetaucht«

An diesen Küsten hatten sich in der Vergangenheit ein paar große Handels- und Kriegsflotten entwickeln können, von diesen Gestaden starteten die Händlerflotten und eroberten die Weltmärkte, von hier zog Christoph Kolumbus los. Vom Meer kamen aber auch die Bedrohungen, Sarazenenüberfälle, Piratenraubzüge, die Übermacht der Franzosen, Spanier, Engländer. Und immer das Gefühl des Platzmangels, eingeklemmt zwischen Bergen und Meer, ein Empfinden, das die Mentalität der Ligurer geprägt und in zwei unterschiedliche Erfahrungswelten gespalten hat: sparsam allesamt, eigensinnig, eigenständig und auf ihre Unabhängigkeit bedacht – aber kontaktfreudiger und weltoffener die Küstenbewohner, sehr zugeknöpft, asketisch und konservativ die Bewohner des bergigen Hinterlands. Denn Ligurien ist ja nicht nur der Küstenstreifen der Riviera, vielmehr reicht es hinauf auf fast 2000 m Höhe, sehr viel mehr Raum als die Küste nehmen die Berge des Apenninbogens und der Seealpen in Anspruch. Im Norden grenzen sie ans Piemont und die Emilia, im Westen gehen sie über in die französischen Seealpen, und im Südosten verschmelzen sie mit der toskanischen Lunigiana und den »Marmoralpen« Alpi Apuane.

Schaut man sich die natürlichen Gegebenheiten an, unter denen die Menschen in den Tälern und an den Berghängen zu leben hatten (und heute noch haben), dann versteht man ihre Sparsamkeit: So üppig die Vegetation dank dem guten Klima ist, Boden für ertragreichen Ackerbau gibt es kaum. Alles muss äußerst mühsam auf künstlich mit Stützmauern angelegten, kleinen Terrassen angebaut werden. Bei so geringem Spielraum können sich keine verschwenderischen, veränderungsfreudigen Charaktere herausbilden.

Dafür aber hat dieser aus funktionellen Bedürfnissen entstandene Weinanbau zum Beispiel an dem weltberühmten Küstenabschnitt der Cinque Terre zu einer derart schön gestylten Landschaft geführt, dass sie heute in die Unescoliste des Weltkulturerbes aufgenommen worden ist – zusammen mit den fünf Dörfern auf den Klippen, dem traumhaften Küstenstädtchen Portovenere und den drei Inseln Palmaria, Tino und Tinetto vor dem Golf von La Spezia.

Es sind dies auch Maßnahmen, um der modernen Zersiedlung und dem Ansturm des Massentourismus etwas entgegenzusetzen, das fragile Gleichgewicht der Riviera zu retten. Mehr und mehr setzt sich der Umweltschutz durch, sowohl längs der Küste wie auch in den bergigen Regionen. Die Täler und Hochebenen, die Wälder und uralten Bergdörfer werden zunehmend ent-

Genuas Hafen präsentiert sich heute als (post-)modernes Freizeitareal

deckt, in den Tälern oberhalb von Imperia und San Remo haben sich viele Deutsche und Skandinavier niedergelassen und alte Bergbauernhäuser restauriert. Wanderwege werden angelegt und Schutzhütten eingerichtet, Extremsport wie Bungeespringen, Freeclimbing, Rafting zieht zunehmend auch junge Leute in die Berge. Neue Lebensformen werden ausprobiert, um die aussterbenden Bergdörfer wieder zu beleben, sei es das Ruinendorf Bussana Vecchia, in dem sich im pittoresken Verfall eine alternative Kunsthandwerkerszene angesiedelt hat, oder Colletta, das voll verkabelte Dorf für urbane Wochenendaussteiger. Gute Nachrichten kommen auch von der Küste: Überdurchschnittlich viele Strände längs der ligurischen Küste haben in den letzten Jahren die begehrte Blaue Fahne für gute Wasserqualität aufstellen dürfen. Selbst Wale und Delfine sind wieder vor der Küste aufgetaucht.

> ***»Der Hafen von Genua ist heute ein Freizeitdorado«***

Ein frischer Wind weht auch durch Genua: Die einst etwas triste Hafenstadt bildet heute einen kulturellen Mittelpunkt von großer Lebendigkeit. Man hat anlässlich der Kolumbusfeiern 1992 den alten Hafen wieder zugänglich gemacht, heute ein Freizeitdorado für Einheimische und Besucher. Und ihre Rolle als Kulturhauptstadt Europas 2004 hat die Restaurierung der faszinierenden Altstadt mit ihren engen Gassen und wunderbaren Palazzi vorangetrieben. Erstklassige Ausstellungen ziehen das Publikum an. Bedeutende Kunstsammlungen hatte die Stadt immer schon zu bieten. Auch ist sie voller einladender Restaurants, Aperitifbars und Musikkneipen. Gründe für eine Reise nach Ligurien gibt es mehr als genug.

Flüssiges Gold und goldenes Zeitalter

Notizen zu 5 Mio. Olivenbäumen, 100 000 Jahre alten Fußabdrücken und 20 000 t Schnittblumen

Blumenriviera
Gladiolen, Nelken, vor allem aber duftende Rosen in zauberhaftem Gelb, Rosa, Blutrot, diese Blumenpracht hat dem Küstenabschnitt zwischen Ventimiglia und Imperia seinen Namen *Riviera dei Fiori,* Blumenriviera, gegeben. Aber was so schön klingt, sieht hässlich aus, denn diese Blumen – alljährlich etwa 20 000 t – gedeihen in einer Terrassenlandschaft, die kilometerlang mit Gewächshäusern bedeckt ist. Als Schnittblumen gehen sie in die Blumenläden Mittel- und Nordeuropas. Für die Riviera dei Fiori noch bis vor ein paar Jahren die wichtigste Einnahmequelle, ist die Blumenindustrie heute arg bedroht von der Konkurrenz aus Indien, Lateinamerika, Afrika. Angefangen hatte sie 1874, als der deutsche Gartenmeister Ludwig Winter die ersten frischen Rosensträuße aus Bordighera auf die Märkte nach München schickte, im Herbst und per Eisenbahn. Winter hatte an diesem Flecken mit seinem wunderbar milden Klima sein Wirkungsfeld gefunden, neben Blumen pflanzte er Dutzende Palmenarten, Kakteen, Farne, Agaven an. Hier, nur wenige Hundert Kilometer vom rauen Norden, konnten sie gedeihen. Mitgestaltet hat er die berühmten Giardini Hanbury bei Ventimiglia sowie zahlreiche Parkanlagen in Bordighera und San Remo, alle mit dieser Mischung aus exotischen und mediterranen Pflanzen, die den Reiz der ligurischen Vegetation ausmachen.

Ob kultiviert oder wild wachsend: die Riviera dei Fiori – ein Blütenparadies in allen Regenbogenfarben

Colombo, Cristoforo
Am Ende ist es egal, ob Christoph Kolumbus (1451–1506) wirklich in Genua geboren ist oder, wie einige vermuten, ein spanischer Matrose war. Auch waren es die Spanier und nicht die Genueser, die ihn mit den drei Karavellen für seine Entdeckerreise ausgestattet hatten (allerdings mit Geld, das sie sich von den Genueser Bankiers geliehen hatten). Cogoleto, ein Vorort Genuas, erhebt ebenfalls Anspruch, sich Geburtsort des ruhmreichen Seefahrers und Amerikaentdeckers nennen zu dürfen, wie Gedenktafeln bezeugen. Keine handfesten Beweise gibt es, dass die Casa di Colombo in Genua wirklich sein Geburtshaus war, die nötige Aura aber hat es, dem Besucherinteresse nach zu urteilen. Und darauf kommt es

Palazzi an Genuas Via Garibaldi: Zeugen des goldenen Zeitalters der Stadt

schließlich an: 1492, das Jahr der Amerikaentdeckung, gab 1992 den Anlass für die 500-Jahr-Feiern, die Genua im Namen seines berühmten Sohnes genutzt hat, sich ebenfalls mal wieder neu zu entdecken. Seither weht frischer Wind durch die Stadt! *Grazie,* Cristoforo Colombo, der immerhin behauptet haben soll (so eine Inschrift am Bahnhof Principe): »Ohne Genua wäre ich nie zum Entdecker geworden.«

Fassadenschmuck

Steinerne, dekorativ geschwungene Fenstereinrahmungen, Quadersteinfassaden, Nischen mit Skulpturen, Relieffriese, verschnörkelte Balkone, Säulen und überhaupt Fenster: So aufwändig schmückten die Ligurer seit dem 16. Jh., dem »goldenen Zeitalter«, ihre Häuser – doch all dieser Dekor ist aufgemalt in meisterhafter Trompe-l'Œil-Technik. Man wollte zeigen, was man wert war, aber es gab auf den winzigen Siedlungsflecken zwischen Meer und Bergen keinen Platz für die Entfaltung von ausladenden Barock- und Renaissancepalazzi. So malte man sie sich. Die Siedlungen wuchsen statt in die Breite in die Höhe, wie es die schönen Häuser von Camogli zeigen, oder man baute die mittelalterlichen Häuschen aus. Die gemalten Fensterreihen wurden geradezu Pflicht, um dem Gebäudewirrwarr einen einheitlichen Fassadeneindruck zu verleihen. In den letzten Jahrzehnten malte man nicht mehr, alles musste praktisch sein und durfte nicht viel kosten, auch die Malermeister gab es nicht mehr. Das ist jetzt anders: Junge Handwerker haben die alten Muster wieder aufgegriffen, und man sieht sie heute nicht nur bei Restaurierungen, sondern immer häufiger auch auf ganz neu gebauten Häusern.

Goldenes Zeitalter und »rolli«

Genuas goldenes Zeitalter begann 1528, als der große Admiral Andrea Doria mit Spanien unter dem Habsburgerkaiser Karl V. einen Vertrag abschloss, der ihn zum Oberhaupt der spanischen Flotte machte und die Genueser Kaufleute und Bankiers im Schlepptau der neuen Großmacht Spanien zu den aktivsten Geldverleihern und Finanzhändlern Europas. Eine Geldoligarchie der Spinola, Pallavicini, Balbi, Brignole-Sale, Grimaldi und vieler mehr entwickelte sich in Genua, die ihren sagenhaften Reichtum aus der Verzinsung des Geldverleihs in den Bau prachtvoller Palazzi steckten, die sie mit den schönsten Gemälden der besten Künstler des 16. und 17. Jhs. füllten – Palazzi und Gemäldesammlungen, die man heute als Tourist bewundern kann. 2006 wurden 42 dieser Prachtpalazzi von der Unesco in die Liste des schützenswerten Weltkulturerbes aufgenommen, *rolli* werden sie genannt, (nach *rotoli del catasto,* Katasterrollen). Ins *rollo*-Verzeichnis kamen die Besitzer, wenn ihr Palazzo Folgendes aufbieten konnte: unten großzügige Geschäfts- und Lagerräume, ab dem dritten Stockwerk prächtige, mit Fresken und Gemälden ausgeschmückte Gemächer, in denen die Familie die Honoratioren und Staatsgäste der Stadtrepublik Genua ehrenvoll empfangen konnte. In der oberen Altstadt und vor allem um zwei Straßenzüge gruppieren sie sich noch heute: an der Via Garibaldi mit dem Rathaus und den Museumspalästen sowie an der Via Balbi mit den Universitätspalazzi. *www.irolli.it*

Grotten

In Ligurien hat man einzigartige Spuren menschlichen Lebens gefunden, die bis zu 240 000 Jahre zurückreichen, in die Steinzeit, in der Grotten und Höhlen als Lebensraum dienten. So etwa in den phantastischen Tropfsteinhöhlen von

Die »Alta Via«

440 km durch die Bergwelt Liguriens

Eine schöne Route führt als Höhenwanderweg durch die ligurischen Berge, die Alta Via dei Monti Liguri. Sie reicht von Ventimiglia im Westen an der französischen Grenze bis nach Ceparana, ein paar Kilometer nördlich von La Spezia. Die Länge der Route, die dem Gebirgskamm der ligurischen Alpen folgt und in 44 Tagesetappen aufgeteilt ist, beträgt 440 km. Sie ist bestens markiert (rotweißrotes Rechteck mit mittigem AV), mit Berghütten versehen und bietet immer wieder herrliche Weitblicke. Im Buchhandel erhalten Sie den detaillierten Wanderführer »Der Höhenweg der ligurischen Berge« (18 Euro), eine hilfreiche Website ist *www.italienwandern.de.*

Renzo Piano

Das Baumeistergenie aus Genua

In Deutschland kennt man ihn als Architekten der Neugestaltung des vormals wüstenleeren Potsdamer Platzes in Berlin; in Frankreich baute er das Aufsehen erregende Museums- und Kulturzentrum Centre Pompidou in Paris. Oberhalb von Genuas Vorort Voltri mit Blick auf den Containerhafen hat er, 1937 in Genua geboren, sein traumhaftes, natürlich selbst entworfenes Atelier. Ihm ist die belebende Neugestaltung Von Genuas Porto Antico anlässlich der Kolumbusfeiern 1992 zu verdanken, und derzeit arbeitet er an einem Masterplan für Genua, der die Aufwertung der verlassenen Industrieviertel im Nordwesten und eine neue Flughafeninsel vorsieht (wie er es schon im japanischen Osaka gewagt hat).

Toirano, in denen man Fuß- und Knieabdrücke, Reste von Fackeln und Krallenspuren des Höhlenbärs – alles mindestens 100 000 Jahre alt – gefunden hat. Die spektakulärsten Funde menschlichen Lebens sind die bis zu 85 000 Jahre alten Skelettreste in den Grotten in den Kalkfelsen der Balzi Rossi an der Grenze zu Frankreich sowie die Tausende von steinzeitlichen Ritzzeichnungen am Berg Monte Bego, heute jenseits der Grenze auf französischem Gebiet gelegen. Die meisten stellen Tiere dar, aber auch Waffen und Szenen des alltäglichen Lebens. Einige Abdrücke dieser Ritzzeichnungen kann man in Bordighera im Museo Bicknell sehen.

Liedermacher

Wer nach einem besonderen Mitbringsel sucht, einem Stück von der Seele Liguriens, dem seien die poetischen Lieder der sogenannten *cantautori genovesi* empfohlen: In den Sechzigerjahren fingen auf der Welle der französischen Chansonniers ein paar junge, begabte Leute aus Genua an, poetische Texte zu schreiben – empfindsam, lapidar –, sie zu vertonen und zu singen. Sie hießen Bruno Lauzi, Umberto Bindi, Luigi Tenco, Gino Paoli und verstanden es, jeder in einem eigenen, unverwechselbaren Stil, Lieder zu schreiben, die mit den Klischees von San-Remo-Schlagern nichts zu tun hatten. Die *scuola genovese* war geboren. Der Berühmteste und wohl auch Geliebteste unter ihnen ist der 1999 gestorbene Fabrizio De André, nicht nur in Genua und ganz Ligurien eine regelrechte Kultfigur. Von Literaturkritikern als einer der größten zeitgenössischen Dichter Italiens eingeschätzt, erzählen viele seiner Lieder, manche in Genueser Dialekt, vom Straßenleben in der Altstadt Genuas, vom Meer, von den Menschen Liguriens. Sein vielleicht berühmtestes Album heißt »Creuza de Mä«. Eines seiner Lieder beschreibt die Via del Campo (Insider Tipp) in der Altstadt Genuas, seither hat auf dieser Gasse ein regelrechter Kult um De André und die *scuola genovese* Einzug gehalten: im Laden *Musica Gianni Tassio (Via del Campo 29 r, www.viadelcampo.com),* wo mit Platten und Devotionalien gehandelt wird, sowie im neuen Bistro und Musiklokal *La Cattiva Strada* an der Piazza del Campo (man nennt sie längst Piazza Fabrizio De André).

Mugugnare

Wenn man fragt, was die Bewohner Liguriens am ehesten charakterisiert, dann heißt es, sie würden *mugugnare:* brummeln, herumnölen, lamentieren. Allem skeptisch gegenüberstehen, das Glas immer halb leer empfinden und wenn halb voll, dann mit schlechtem Wein. Alles Neue, Unvorhergesehene wird argwöhnisch beäugt, auch die Besucher. Auf extrovertierte Gastfreundlichkeit, wie man sie sich im Süden erträumt, darf man hier kaum hoffen; dafür hat man es in der Regel mit korrekten, reservierten Leuten zu tun – die nichts verschwenden (die Schotten Italiens nennt man sie), weder Geld noch Gefühle.

Olivenöl

Das ligurische Olivenöl boomt – besonders säurearm, von fruchtigem, mildem Aroma, ist es auch außerhalb Italiens besonders beliebt. In Italien werden heute etwa 13 l pro Kopf verzehrt. Das ist nicht wenig, und der Verbrauch nimmt zu, auch außerhalb Italiens im Zuge der bekömmlichen sogenannten *dieta mediterranea.* Allein im Hauptanbaugebiet, der Provinz Imperia, gedeihen über 5 Mio. Olivenbäume. Jede Pflanze ergibt 3–8 l Öl. Auch heute noch stehen die meisten Bäume auf schmalen, erdgefüllten Mauerterrassen. Im November beginnt die Ernte, feinmaschige Netze werden unter den Bäumen aufgespannt. Mit langen Holzstäben schlagen die Bauern gegen die Zweige, damit die Früchte abfallen – eine Mordsarbeit. Dass der Liter dieses kostbaren flüssigen Goldes mindestens 8 bis 10 Euro kosten muss, versteht sich.

Wenig Säure und besonders fruchtig: Qualitätsmerkmal ligurischen Olivenöls

MALVIRA
ROERO

Die grüne Küche

Ganz Ligurien duftet nach frischem Basilikum, dem wesentlichen Bestandteil des *pesto alla genovese*

Die ligurische Küche hat ein paar Besonderheiten, die man nur hier zu essen bekommt. Schon die Tatsache, dass hier Land und Meer eng aufeinander stoßen und damit eine *cucina di terra e di mare* schaffen, zeichnet sie aus. Fruchtbare Ebenen, die man mit weiten Kornfeldern bepflanzen könnte, gibt es nicht. Da hapert es auch mit intensiver Viehzucht. Vielmehr hat man dem bergigen Land durch Terrassenbau kleine Ackerflächen abgerungen, für Obst, Wein, Oliven, Gemüse und Kräuter und für Kleinvieh wie Kaninchen, Geflügel, Ziegen. Alles wird genutzt: aus den Wäldern Schnecken, Pilze und Kastanien, aus dem Meer Tintenfische und Sardinen, einst die Zutaten der Küche der Fischer, denn der Edelfisch ging an die Großhändler und landete auf den feinen Tischen der norditalienischen Städte.

Heute sieht die Speisekarte üppiger aus, ist an (aufwändigen) Zubereitungsvarianten aber möglicherweise ärmer als früher, auch wenn Ligurien nach wie vor zu den Regionen Italiens gehört, in denen man besonders gut isst. Wer also Ferien an der Riviera macht, sollte das nutzen und sich nicht nur mit Pizza zufrieden geben. Probieren Sie stattdessen die *focaccia,* einen würzigen, oft mit Käse gefüllten, gebackenen Fladen.

Weltberühmt ist der Pesto, die knallgrüne Sauce aus Basilikum, Olivenöl, Pinienkernen, Knoblauch und geriebenem Käse, die man zu Nudeln isst, etwa zu den *trofie,* kurzen, unregelmäßig gezwirbelten Pastawürmchen, oder zu den *trenette,* schmalen Bandnudeln. Basilikum ist die Hauptzutat des Pesto, und es versteht sich, dass das in Ligurien angebaute Basilikum als das beste gilt, vor allem wenn es von den sorgfältig mit Pferdemist gedüngten Beeten und Gewächshäusern von Pra bei Genua kommt. Kleinblättrig muss es sein, also jung geerntet werden. Manchmal mischt man unter den Pesto auch eine zerdrückte Kartoffel oder Stückchen frischer Bohnen – einfach köstlich.

Jede Menge duftende Kräuter würzen die Gerichte: Basilikum, Majoran, Thymian, Minze, Zitronenmelisse, Bohnenkraut, Salbei, Rosmarin, fast alle Einheimischen haben in ihren kleinen Gärten Kräuterbeete oder Töpfe auf den Balkonen, vor den Hauseingängen. Neben Kräutern und Gemüse – Artischocken, besonders gut aus der Gegend um Albenga, Auberginen, Zucchini, Fenchel, Tomaten, Paprika – spielen Hülsenfrüchte eine wichtige Rolle: Aus dem Mehl von Kichererbsen macht man die typi-

Restaurant in Varese Ligure

Ligurische Spezialitäten

Lassen Sie sich diese Köstlichkeiten gut schmecken!

cappon magro – ein Mix aus zahlreichen Gemüsen, Fisch und Krustentieren in einer Sauce aus Sardellen, Oliven, Kapern, Knoblauch, Pinienkernen. Eine Genueser Spezialität, die man auch kalt essen kann, die aber leider nur noch selten zu finden ist.

castagnaccio – Aus dem Mehl der Kastanien der weiten Kastanienwälder bereitet man Kastanienkuchen und Kastanienfladen.

cima ripiena – Kalbsbrust, die mit Kalbsinnereien, Gemüse, Käse und Kräutern gefüllt wird

ciuppin – eine Suppe aus passiertem Fisch

coniglio in umido – in Weißwein und Olivenöl geschmortes Kaninchen, mit Pinienkernen, Rosmarin, schwarzen Oliven, Knoblauch gewürzt

farinata – auf großen, runden Blechen gebackener flacher Fladen aus Kichererbsenmehl, mit Pfeffer, Rosmarin und Zwiebeln gewürzt

focaccia – ein im Ofen gebackener Fladen aus Mehl, Wasser, Hefe, mit Rosmarin, Salbei, Origano und Zwiebeln gewürzt – die ligurische Pizza

lumache alla ligure – mit Tomaten und Steinpilzen weich gekochte Schnecken aus den Bergen bei Molini di Triora

mesciua – die für La Spezia typische Suppe aus weißen dicken Bohnen, Kichererbsen und Getreidekörnern

muscoli ripieni – mit einem Mus aus zerkleinerten Muscheln, Parmesan, Eigelb und Majoran gefüllte und in Weißwein gedünstete Miesmuscheln

pandolce genovese – ein mit Orangenblütenwasser, kandierten Früchten, Nüssen, Likörwein und Lorbeer gewürztes süßes Brot, ähnlich dem Stollen

pansoti con salsa di noci – mit Blattgemüse, Parmesan, Ricotta und Kräutern gefüllte Teigtaschen, die mit einer Sauce aus gehackten Walnüssen gegessen werden

sardinaira – eine mit Sardellen gewürzte *focaccia*

stoccafisso accomodato – mit Oliven, Pinienkernen und Kartoffeln gekochte Stockfischstückchen

torta di verdura – aus vielerlei Gemüse wie Mangold, Spinat, Artischocken geschichtete Torte

sche *farinata.* Von Feinschmeckern geschätzt sind die hellen Bohnen aus Badalucco und Pigna.

Und natürlich findet man alles, was aus dem Meer kommt, auf dem Teller wieder. Krustentiere wie Scampi, Krabben und Krebse werden vornehmlich tiefgefroren importiert, wohingegen Muscheln und vor allem Tintenfische und Kraken *(moscardini, polpi, seppie)*, Sardinen *(sarde)* und Sardellen *(acciughe)* aus den heimischen Gewässern kommen. In Salz eingelegte Sardellen sind Würzgrundlage vieler Gerichte. Edelfische wie Goldbrasse *(dorata)*, Seebarsch *(branzino)* und Schwertfisch *(pesce spada)* werden meist auf dem Grill zubereitet oder *al cartoccio*, in Folie oder Pergament, gedünstet. Auch vielerlei Fischsuppenrezepte finden Sie längs der Küste.

Manchmal hat man das Glück, Gerichte auf der Karte zu finden, die noch aus alten Zeiten stammen, als man die Schlichtheit der Zutaten mit aufwändigen Rezepten höchst schmackhaft aufzuwerten wusste. Ein solches Gericht ist zum Beispiel *brandacoion*, ein Auflauf aus Stockfisch, Kartoffeln, Eiern und Nüssen. *Stoccafisso*, der getrocknete Kabeljau, und *baccalà*, seine in Salz konservierte Variante, verweisen auf die Seefahrerküche und ihre Nahrungskonservierung auf den langen Schiffsfahrten. Den *baccalà* bekommen Sie, stückweise frittiert, in den *friggittorie* in der Altstadt Genuas, heute fast wieder eine Delikatesse.

Aus dem Landesinnern kommen Fleischgerichte wie gefüllter Kalbs- oder Rinderbraten oder gebratenes Kaninchen. Die beste Salami kommt aus Sant'Olcese, einem Ort oberhalb von Genua. Mit einer Füllung aus Schweine- und Rindfleisch in Naturdarm wird sie ganz langsam über dem Holzkohlenfeuer getrocknet, was ihr ein leicht rauchiges, besonders würziges Aroma verleiht. Von den Almen hoch oben aus den Bergen kommen schmackhafte Kuhmilchkäse, aber auch Frischkäse aus Ziegen- und Schafsmilch.

Und für die Süßmäuler gibt es Pralinen, kandierte Früchte, mit Schokolade überzogene Datteln, Feigen, Orangenstreifen; die Schoko-Nuss-Pralinen heißen in Alassio und Genua *baci.* Berühmt sind die Mandelmakronen aus dem Raum Savona, die *amaretti di Sassello.*

Die steilen Hänge Liguriens bieten wenig Raum für einen ausgiebigen Weinanbau; so werden die heimischen Weine vornehmlich vor Ort getrunken, für den Verkauf außerhalb Liguriens reichen die Mengen kaum. Die in Ligurien angebauten Rebsorten sind heimische Sorten, das sorgt für feine oder zumindest recht individuelle Weine. Das größte Weinanbaugebiet befindet sich im Hinterland von Imperia, hier wachsen die Weißen Vermentino und Pigato, der Rosé Rosa di Albenga und oben bei Dolceacqua der rote Rossese di Dolceacqua. Auch der rote Dolcetto wird in Ligurien angebaut, hier heißt er Ormeasco, und von den steilen Terrassen der Cinque Terre kommen ein herber Weißer sowie der ambrafarbene Dessertwein Sciacchetrà.

Zu guter Letzt: Auf der Rechnung erscheint in Italien der Gedeckpreis *(coperto)*, ab ca. 2 Euro pro Person, und bei etwas edleren Lokalen manchmal sogar noch ein Serviceaufschlag. Beides muss aber an der aushängenden Speisekarte ausgeschrieben sein.

Feine Handarbeit

Kulinarisches und Kunsthandwerk sind die beliebtesten Mitbringsel

Viele Italienreisende kommen ja nicht zuletzt wegen der guten Küche; Star dieser Küche ist das Olivenöl, und eines der besten und von besonders feinem Aroma wird in Ligurien hergestellt. Da liegt es nahe, sich mit ein paar Litern einzudecken, kanisterweise kann man es kaufen. In den Fremdenverkehrsämtern von Imperia, Oneglia, Rapallo bekommt man die Adressen der besten Ölmühlen. Ideale Mitbringsel sind die in Olivenöl eingelegten Artischocken, Pilze, Auberginen. Besonders engagierte Liebhaber ligurischer Küche wagen es sogar, im Frühsommer vor der Heimreise das Auto mit Töpfen voller Kräuter zu beladen, allen voran das ligurische Basilikum. Dazu besorgt man sich dann auch gleich den Marmormörser und den Stößel aus Buchenholz. Auch Weinkenner werden fündig: Adressen von Winzerbetrieben mit Direktverkauf bekommt man in den Fremdenverkehrsämtern, oder man lässt sich in den gut sortierten Weinhandlungen *(enoteca)* beraten.

Klassische Handwerkserzeugnisse sind die Spitzen in Rapallo, Geklöppeltes in Santa Margherita Ligure und Portofino, wunderschöne Samtstoffe in Zoagli, feine mundgeblasene Glasgefäße in Altare im Hinterland von Savona. Im Tal des Schieferabbaus Val Fontanabuona findet man elegante Schalen, Platten, Aschenbecher aus dem schönen dunklen Schiefergestein. Und dann natürlich Keramik: Die Keramikhochburg ist Albisola, doch bekommt man Keramik überall an der Riviera, oft ziemlich bunt und kitschig, aber wer sucht, wird auch hier geschmackvolle Stücke finden.

Schließlich stößt man auf Kunsthandwerkliches jeder Art, nicht zuletzt von alternativen Künstlern und Handwerkern, die sich etwa im Ruinendorf Bussana Vecchia angesiedelt haben. Auch hier helfen Ihnen die Fremdenverkehrsämter mit den Terminen der immer beliebteren Kunsthandwerkermärkte weiter.

Überhaupt Märkte: Jeder größere Ort hat seinen Wochenmarkt mit Gemüse, Obst, Kleidung und Haushaltswaren. Phantastische Markterlebnisse sind der riesige – und ziemlich überlaufene – Straßenmarkt von Ventimiglia jeden Freitag, für den Käufer und Neugierige selbst aus Frankreich kommen, sowie der Lebensmittelmarkt Mercato Orientale in Genua. Da man in den Ferien Zeit für den Schaufensterbummel hat: Boutiquen mit den begehrten italienischen Modemarken gibt es überall längs der Riviera, von Bordighera bis Sestri Levante.

Albisola, Keramikatelier

Feste, Events und mehr

Kaum ein Fest ohne glitzernde Feuerwerke überm nachtschwarzen Meer

Volles Programm nicht nur zur Sommersaison, sondern das ganze Jahr über – in den Fremdenverkehrsämtern bekommen Sie die aktuellen Fest- und Veranstaltungskalender: Im Februar ist das berühmte Schlagerfestival von San Remo an der Reihe, im Sommer wechseln sich Kulturfestivals, Schlemmerorgien und Sportevents ab, und zwischendurch finden stimmungsvolle Prozessionen zu den vielen Madonnenwallfahrtsorten statt. Ein phantastisches Feuerwerk überm nächtlichen Meer ist Anfang Juli der *Campionato dei Fuochi d'Artificio* in San Remo.

Insider Tipp

Umzug in Ventimiglia

Gesetzliche Feiertage

1. Januar *(Capodanno);* **6. Januar** *(Epifania);* **Ostersonntag und -montag** *(Pasqua und Pasquetta);* **25. April** *(Liberazione,* Tag der Befreiung vom Faschismus); **1. Mai** *(Festa del Lavoro);* **2. Juni** *(Festa della Repubblica);* **15. August** (*Ferragosto,* Mariä Himmelfahrt, Höhepunkt des italienischen Sommers, die Fabriken sind zu, die Italiener am Meer); **1. November** *(Ognissanti);* **8. Dezember** *(Immacolata Concezione);* **25. Dezember** *(Natale);* **26. Dezember** *(Santo Stefano)*

Feste und Veranstaltungen

Erstes Februarwochenende

Sagra della Mimosa in Pieve Ligure oberhalb von Genua: Zur knallgelben Mimosenblüte ziehen blumengeschmückte Festwagen durch den Ort.

Ostern

Zwei der vielen eindrucksvollen Osterprozessionen: *Processione del Venerdì Santo,* die Karfreitagsprozession in Savona mit holzgeschnitzten Passionsdarstellungen; *Karwoche* in Ceriana nördlich von San Remo mit barocken Skulpturen und Misereregesängen. Bordigheras Kirchen schmücken kunstvolle Palmenblattgebinde, *parmurèli* genannt.

Mai

★ *Sagra del Pesce* in Camogli am zweiten Maisonntag, berühmtes Schlemmerfest um eine riesige Fischpfanne.
Mai ist der Segelmonat mit Regatten in Santa Margherita und Portofino.

Mai/Juni

Festa della Barca am Pfingstsonntag in Baiardo oberhalb von San Remo: Auf dem Kirchplatz wird zu melancholischen Klängen um einen 30 m hohen Baumstamm getanzt.

Ende Juni/erste Juliwoche

Festival Musicale del Mediterraneo in Genua: zahlreiche Konzerte aus der Weltmusikszene.

Juli

Madonna di Monte Allegro in Rapallo vom 1. bis 3. Juli: eine von vielen Marienfeiern mit Prozessionen, Schlemmermarkt, prächtigen Feuerwerken und Tausenden von Lichtern auf dem nächtlichen Meer.
Goa-Boa-Festival in Genua am ersten Wochenende: drei Tage internationaler Avantgarderock in den aufgelassenen Industrieanlagen im Viertel Cornigliano. *www.goaboa.net*
Insider Tipp *Festa della Maddalena* in Taggia am dritten Wochenende: ein archaisches religiöses Fest mit mittelalterlichem Totentanz als Höhepunkt.
Insider Tipp *Harpae* in Isolabona im Nerviatal in der letzten Juliwoche: ein neues, hochwertiges Musikfestival mit einem uralten Instrument, der Harfe.
Cerimonia del Cristo degli Abissi am letzten Wochenende: in der malerischen Bucht von San Fruttuoso nächtliche Fackelbeleuchtung und Unterwasserprozession der Sporttaucher zu einer Christusfigur auf dem Meeresgrund.

Juli/August

Rassegna della Musica da Camera in Cervo: ein Kammermusikfestival der Spitzenklasse.

August

★ *Palio del Golfo* in La Spezia am ersten Wochenende: ein Wettkampf in Ruderbooten zwischen den 13 Stadtteilen mit historischen Kostümumzügen, Konzerten, Schlemmerständen, Feuerwerk.
Am ersten Sonntag schwimmen zur stimmungsvollen Bootsprozession *Stella Maris* in Camogli Tausende von Lichtern auf dem Meer.

September

Vele d'Epoca vor Imperia: spektakuläres Treffen historischer Segelschiffe und Schoner Mitte September in geraden Jahren.

Fischfest in Camogli

Im Land der Blumen und Palmen

An der Badeküste zwischen Varazze und Ventimiglia: die schönsten Strände und die mondänsten Städte

In Bordighera, San Remo, Alassio stehen immer noch schöne alte Nobelhotels und Sommervillen in schattigen Parks, Überbleibsel aus den Anfängen als Sommerfrische der europäischen Nobelgesellschaft Ende des 19. Jhs. Doch längst hat hier ein gepflegter Massentourismus die Überhand gewonnen. Zur Hauptsaison von Mitte Juli bis Ende August ist jeder Sand- und Kiesflecken am Meer belegt, und auf den engen Küstenstraßen staut sich der Verkehr. Doch nach wie vor besitzt dieser Küstenstreifen viel Flair.

Zwischen Ventimiglia an der französischen Grenze und Imperia nennt sie sich Riviera dei Fiori, Blumenküste – zum einen wegen ihrer Blütenpracht in Gärten und am Straßenrand, aber auch wegen der Blumenindustrie in den zahlreichen, optisch wenig attraktiven Gewächshäusern. Zwischen Alassio und Savona heißt sie Riviera delle Palme, Palmenküste, da denkt man gleich an die Palmenhaine von Bordighera: hübsche Ferienpensionen, an denen sich Clematis und Bougainvillea hochranken, gepflegte und auf angenehme Weise altertümliche Hotelpracht von Palmen gesäumte Strandpromenaden, Zitronengärten, Boutiquen, Eisdielen und Restaurants aller Art.

Ein Traumpanorama: Jugendherberge in der Burg von Finale Ligure

Mittagspause im Strandcafé: Das Leben kann so dolce sein

Und wenn einem das Gedränge zu viel ist, dann fährt man eben im Frühling, im Herbst, im Winter – denn dank dem milden Klima und den vielen Sonnentagen ist die Ponente zu jeder Jahreszeit reizvoll. Oder Sie brechen ins Hinterland aus, fahren in die Berge mit ihren Wäldern und stillen Dörfern oder zum Freeclimbing an den spektakulären Felswänden der Seealpen bei Finale.

ALASSIO

[115 F4] An der Baia del Sole erstreckt sich über 3 km der feinsan-

Die berühmteste Mauer der Riviera steht in Alassio

dige Strand Alassios, einer der Spitzenstrände Liguriens, mit Blick auf den Felsvorsprung Capo Santa Croce. Alassio (11 000 Ew.), mit seinen alten Villen in üppigen Parks einer der renommiertesten Badeorte Liguriens, ist heute fest in der Hand deutscher Urlauber und Veranstalter.

SEHENSWERTES

Budello

Die lange, schmale Gasse – *budello* genannt und als zentrale Hauptader in vielen alten ligurischen Küstenstädtchen anzutreffen – zieht sich durch den Ortskern von Alassio. Die meerzugewandte Häuserzeile grenzt direkt an den Strand: die Bummelmeile schlechthin mit Lädchen, feinen Boutiquen und Eiscafés. *Via XX Settembre*

Capo Santa Croce

Ein schöner Spaziergang: auf der Strandpromenade nach Nordosten und dann zwischen Villengärten die alte Strada Romana *(Via Solva)* hoch aufs Kap Santa Croce zum gleichnamigen romanischen Kirchlein (11./12. Jh.) mit phantastischem Weitblick. Am Kirchvorplatz beginnt ein lohnender Wanderweg (5 km) ins Nachbarstädtchen Albenga, die Weiterführung der alten Römerstraße und daher *passeggiata archeologica* genannt: Durch mediterrane Macchia führt sie an römischen Ruinenresten vorbei.

Muretto

Alassio war in den Fünfzigerjahren Treffpunkt der Vips der Dolce Vita. Irgendwann kam die Idee auf, die Autogramme dieser Glamourkunden, allen voran Ernest Hemingway, auf in ein Straßenmäuerchen eingelassenen Keramikkacheln zu verewigen. Die Kacheln werden immer mehr, die Namen zumindest für Nichtitaliener immer unbekannter. Zur Belebung findet im August die Miss-Muretto-Wahl statt *(www.missmuretto.com). Ecke Corso Dante/Via Cavour*

ESSEN & TRINKEN

Il Fornaio

Für den kleinen Hunger bzw. den Imbiss auf die Hand empfehlen sich die köstlichen *focacce* oder die Sardinen- und Gemüsetorten in diesem Laden im Budello. *Via XX Settembre 27, €*

Liguria

Für einen romantischen Abend: Im 2 km nördlich gelegenen Ortsteil Solva sitzt man auf der Terrasse bei feinen Fischspeisen mit herrlichem Blick über Alassio und das Kap Santa Croce. *Mi und mittags geschl., Via Lepanto 1, Tel. 01 82 64 47 44,* €€–€€€

Osteria I Matetti
Sehr beliebt, obschon an der verkehrsreichen Durchgangsstraße: Vor zig Kinderfotos (*matetti* ist das ligurische Dialektwort für Kinder) isst man endlich mal keine Pizza, sondern sorgfältig zubereitete Lokalküche zu akzeptablen Preisen. *Tgl., Viale Hanbury 132, Tel. 01 82 64 66 80,* €

ÜBERNACHTEN

Badano sul Mare
Kleines, freundliches Ferienhotel am Strand. *18 Zi., Via Gramsci 36, Tel. 01 82 64 09 64, Fax 01 82 64 07 37, www.badano.com,* €

Beau Rivage
Hübsches Hotel mit Flair in einer Villa des 19. Jhs. am Meer; mit guter Küche. *23 Zi., 3 Apartments, Lungomare Roma 82, Tel. 01 82 64 05 85, Fax 01 82 64 04 26, www.hotelbeaurivage.it,* €€

Beau Sejour
Gepflegtes Traditionshotel in Meernähe; herrlich gelegenes Terrassenrestaurant. *51 Zi., Via Garibaldi 102, Tel. 01 82 64 03 03, Fax 01 82 64 63 91, www.beausejourhotel.it,* €€

STRÄNDE

Der feinsandige Strand vor Alassio zählt zu den schönsten der Ponen-

MARCO POLO Highlights »Riviera di Ponente«

★ **Punta Est**
Die herrliche Hotelvilla bei Finale Ligure hat einen Privatstrand (Seite 35)

★ **Noli**
Vor der Kulisse des Kaps lädt die einstige Seerepublik in ihre uralten Mauern ein (Seite 36)

★ **San Remo**
Das ist die ehemalige (und jetzige) Ponente pur (Seite 40)

★ **Ostello della Gioventù Castello Vuillermin**
In Finale Ligure in toller Lage eine der schönsten Jugendherbergen Italiens (Seite 35)

★ **Grotte di Toirano**
Ein 90-minütiger Spaziergang durch die traumhaften Tropfsteinhöhlen (Seite 98)

★ **Keramik**
In Albisola: Museen Skulpturen, Souvenirs, das Keramikkunstpflaster am Lungomare (Seite 45)

★ **Giardini Botanici Hanbury**
Bei Ventimiglia der schönste Garten der ganzen Riviera (Seite 47)

★ **Altopiano delle Manie**
Die Hochfläche bei Noli ist ein Paradies für Naturfreunde (Seite 35)

te, ist aber auch am überfülltesten. Wer 2 km vom Stadtkern nach Norden oder Süden geht, findet die gleiche Qualität, hat aber mehr Platz.

AM ABEND

An der Promenade, der Passeggiata Italia und ihren Seitenstraßen, drängt man sich abends in Eiscafés und Musikbars.

Essaouira

In marokkanischem Stil direkt am Strand, sehr angesagt zum Essen und Tanzen. *Via Michelangelo 27*

Liquid

Der Intreff zum Sundowner, zu Cocktails und Musik. *Passaggio Grollero 32*

Osteria Mezzaluna

Versteckt in einem Gässchen zum Strand trifft man sich hier zum Essen und zu Livemusik. *Vico Berno 6, www.mezzaluna.it*

AUSKUNFT

Piazza della Libertà 5, Tel. 01 82 64 70 27, Fax 01 82 64 78 74, www.comune.alassio.sv.it, www.alassio.info

ZIELE IN DER UMGEBUNG

Albenga [115 F3]

Das 5 km nördlich gelegene Albenga (22 000 Ew.), eine römische Gründung, hat nicht nur den schönen Weitblick auf das Inselchen Gallinara zu bieten, sondern auch eine besonders interessante Altstadt. Hier stößt man auf den ältesten erhaltenen Bau Liguriens, das achteckige *Baptisterium* aus dem 5. Jh., das neben wunderbaren Steinmetzverzierungen ein byzantinisches Mosaik enthält, sowie auf die Kathedrale *San Michele,* eine Pfeilerbasilika aus dem 13. Jh. Albenga war in der Antike und im Mittelalter bis zu seiner Vereinnahmung durch die Genueser Seemacht eine blühende Hafen- und Bischofsstadt. Davon zeugen die eindrucksvollen Geschlechtertürme der einst großen Familien Albengas sowie die Fundstücke in den Museen, allen voran zwei voll beladene römische Frachtschiffe, die vor 40 Jahren im Meer vor Albenga gefunden wurden, zu sehen als Rekonstruktion im *Museo Navale Romano (Di–So 10–12.30 und 14.30–18, Mitte Juni bis Mitte Sept. 15.30–19.30 Uhr, Piazza San Michele 12).*

Ein nettes Lokal lädt in der Altstadt ein: *Osteria Sutta Ca' (Do-Abend und So-Abend geschl., Via E. R. Ricci 10, Tel. 018 25 31 98, €).* Albenga ist berühmt für seinen Artischockenanbau in der relativ flachen Umgebung.

Landeinwärts lässt es sich gut unterkommen, z. B. 4 km nördlich von Albenga in einer der fünf Ferienwohnungen mit Pool auf dem Bauernhof *Il Colletto* in *Campochiesa d'Albenga (Via Cavour 34, Tel. 018 22 18 58, Fax 018 22 18 59, www.agriturismoilcolletto.it, €–€€)* oder 2 km weiter in der idyllisch gelegenen Hotelanlage *Ca' di Berta (10 Suiten, Tel. 01 82 55 99 30, Fax 01 82 55 98 88, www.hotelcadiberta.it, €€–€€€)* in einem ehemaligen Landkomplex in *Salea* oder im zauberhaften Landhotel *La Meridiana* 7 km landeinwärts in *Garlenda (28 Zi., Via ai Castelli, Tel. 01 82 58 02 71, Fax 01 82 58 01 50, www.relaischateaux.com, €€€)*

Albengas historischer Ortskern: Bauten aus 17 Jahrhunderten

mit exzellentem Restaurant *Il Rosmarino (nur auf Bestellung, €€€)* und nahem Golfplatz.

Insider Tipp

Colletta di Castelbianco **[115 E2]**
In die Höhen im Hinterland führen das Arroscia- und das Nevatal mit kühlen Wäldern und hübschen alten Bergorten wie Villanova d'Albenga und Pieve di Teco, wie Zuccarello und Castelvecchio di Rocca Barbena. Ein spannendes Projekt findet hier im Dörfchen *Colletta (www.colletta.it)* bei Castelbianco statt, dessen neue Bewohner in mittelalterlichen, aber ultramodern verkabelten Gemäuern leben und »telematisch« arbeiten – ein Zukunftsmodell für abgeschiedene Dörfer.

In Colletta kann man im *Caffé-Osteria Delle Antiche Pietre (im Winter nur am Wochenende geöffnet, Tel. 01 82 77 82 44, €€)* essen und in Ferienwohnungen und -zimmern wohnen *(renting@colletta-it.com, Tel. 01 82 77 82 34, €€).*

Laigueglia **[115 F4]**
Dem zauberhaften Ort 2 km südlich mit seinen farbigen Häusern haftet noch etwas Ursprüngliches an. Ab dem 16. Jh. siedelten hier Korallenfischer. Durch den lebhaften alten Kern führt wieder der *budello,* die enge historische Gasse. Außerhalb der Altstadt erhebt sich *San Matteo,* eine der schönsten Barockkirchen Liguriens. Ein Küstenwachturm aus dem 16. Jh. und ein prächtiges Volksfest Anfang August *(Lo Sbarco dei Saraceni)* erinnern an die einstmals häufigen Überfälle sarazenischer Piraten. Der feinsandige, endlose Strand gehört zur Baia del Sole, der sogenannten Sonnenbucht, an der auch Alassio liegt; die Sonnenhungrigen teilen ihn sich mit den bunten Fischerbooten.

Atemraubend auf Felsterrassen über dem Meer gelegen, öffnet in den Sommermonaten die Diskothek *La Suerte (Via Roma 115)* dem Nachtvolk ihre Pforten. 3 km landeinwärts liegt das Dorf *Colla Mi-*

Insider Tipp

cheri, das der Kon-Tiki-Seefahrer Thor Heyerdahl in den Sechzigerjahren restauriert hat. Einen Ausflug lohnt auch *Andora Castello* oberhalb des Kaps Capo Mele, ein mittelalterliches Dorf mit Burgruine und der herausragenden romanisch-gotischen Kirche *Santi Giacomo e Filippo.*

BORDIGHERA

[114 B6] In dem 10 000-Ew.-Städtchen voller Palmen nahm Mitte des 19. Jhs. die Ansiedlung britischer Sonnensucher an der Riviera ihren Anfang. Auch Maler kamen, wie Claude Monet, den die Mischung aus mediterraner und tropischer Flora faszinierte. Auf den Anhöhen entstanden elegante Villen und Hotels in üppigen exotischen Gärten. Zum Flanieren lädt die Promenade *Lungomare Argentina* mit herrlichem Weitblick ein. Die gemütliche Altstadt – 1471 gegründet, von einer Ringmauer umfasste Turmhäuser und enge Gassen – nistet oberhalb des *Capo Sant'Ampelio.*

SEHENSWERTES

Insider Tipp

Giardino Esotico Pallanca
Im Klima der Ponente gedeiht selbst Tropisches – ein schöner Kakteengarten Richtung San Remo. *Di–So 9–12.30 und tgl. 14.30–19 (im Winter bis 17.30) Uhr, Via Madonna della Ruota 1, www.giardinoesotico.pallanca.it*

MUSEUM

Museo-Biblioteca Bicknell
Der englische Botaniker und Archäologe Clarence Bicknell hat die Ergebnisse seiner Leidenschaft für diese Küste dem Ligurischen Forschungsinstitut hinterlassen: Pausabdrücke bronzezeitlicher Felszeichnungen, antike Fundstücke und Botanisches. *Mo–Fr 9.30 bis 13 und 14.30–16.45 Uhr, Via Romana 39*

ESSEN & TRINKEN

Circolo Porta Sottana
Kleines, aber feines Lokal oben in der Altstadt mit sorgfältiger Lokalküche. *Mittags, Mo und Di geschl., Via Dritta 20, Tel. 01 84 26 01 80,* €€

Ristorante dei Marinai
Handfeste Küche und gegrillter Fisch, auch bei Einheimischen beliebt. *Mi geschl., Via dei Marinai 2, Tel. 01 84 26 15 11,* €

La Via Romana
Sehr stilvolles Spitzenrestaurant, berühmt für *bollito di mare,* gekochten Edelfisch mit verschiedenen Kräutersaucen. *Do-Mittag und Mi geschl., Via Romana 57, Tel. 01 84 26 66 81, www.laviaromana.it,* €€€

ÜBERNACHTEN

Grand Hotel del Mare
Klassisch-elegantes Komforthotel mit zauberhaftem Garten überm Meer, mit Swimmingpool, Fitness- und Beautyeinrichtungen. *99 Zi., Via Portico della Punta 34, Tel. 01 84 26 22 01, Fax 01 84 26 23 94, www.grandhoteldelmare.it,* €€€

Villa Elisa
Mit Geschmack und Atmosphäre geführtes Hotel in einer alten Villa

Bei 350 km Küste haben Sie auch im Hochsommer genug Platz zum Plantschen

mit Park im oberen Stadtteil. *35 Zi., Via Romana 70, Tel. 01 84 26 13 13, Fax 01 84 26 19 42, www.villaelisa.com, €€–€€€*

AUSKUNFT

Via Vittorio Emanuele II 172, Tel. 01 84 26 23 22, Fax 01 84 26 44 55, www.rivieradeifiori.org, www.bordighera.it

ZIELE IN DER UMGEBUNG

Principato di Seborga [114 B5]
Eifrige Heimatforscher haben herausgefunden, dass Seborga seit dem 11. Jh. einen bis heute nicht revidierten Status als freies Fürstentum hat. So versucht die Bevölkerung seit den Sechzigerjahren so etwas wie ein zweites San Marino ins Leben zu rufen, mit einem gewählten Fürsten, mit Münzprägung und mit eigenen Briefmarken. Ein Kuriosum, 10 km nördlich von Bordighera hübsch gelegen und mit viel Lust am Feiern.

Tempio-Museo della Canzone [114 B6] Insider Tipp
Erio Tripodi singt selbst gern, wie die Gäste seines Restaurants *Da Erio (Mi geschl., Via Roma 108, Tel. 01 84 29 10 00, €€)* in Vallecrosia (2 km westlich) wissen. Der Musikliebhaber hat drei altertümliche Bahnwaggons mit seiner eindrucksvollen Plattensammlung (auch ligurische Volkslieder), alten Drehorgeln und ersten Plattenspielern gefüllt. Zu besichtigen während der Restaurantzeiten.

FINALE LIGURE

[116 C6] Kletterern leuchten die Augen beim Gedanken an die Bergkulisse von Finale Ligure: An den atemraubenden Felswänden aus hellem Kalkgestein hoch über der Küste trifft sich die europäische Freeclimberszene. Das gilt auch für die Freebiker, die Fans von Mountainbiketouren. Hinter dem Namen Finale verbergen sich eigentlich drei Orte (insgesamt 13 000 Ew.), die 1927 zu einer Gemeinde zusammengefügt wurden: *Finale Marina,* heute ein lebhaftes, freundliches Ferienstädtchen, erstreckt sich an einem breiten, feinsandigen Küstenstreifen zwischen den Mündungen der Bergflüsse Pora und Sciusa. Die Strandpromenade säumen Palmen, schöne alte Stadthäuser mit Arkaden schmücken den Ortskern, etwa an der Piazza der Barockkirche San Giovanni Battista oder an der zum Meer hin offenen Piazza Vittorio Emanuele. Jede Menge Hotels, Cafés, Restaurants und Sportangebote sorgen fürs Wohlbefinden.

Finalpia schließt sich östlich der Sciusamündung an, der Strand ist schmaler, der Ort ruhiger; einen Besuch lohnt im alten Kern die Abtei *Santa Maria di Pia.*

Finalborgo liegt 2 km landeinwärts oberhalb der Küstensiedlung und überrascht durch seinen malerischen alten Kern hinter hohen Festungsmauern aus dem 15. Jh. Die Kirche *San Biagio* weist ein prachtvolles spätbarockes Inneres auf. Oberhalb des Borgo thront die Burg *Castel Gavone* (15 Minuten Fußweg).

MUSEUM

Museo Civico del Finale

Im Exkonvent Santa Caterina in Finalborgo zeigen die Funde aus den Felshöhlen im Gebiet von Finale, wie diese Grotten in grauer Vorzeit bewohnt waren. *Juli/Aug. Di–So 10–12 und 16–19, Sept.–Juni Di bis So 9–12 und 14.30–17 Uhr, Piazza Santa Caterina, Finalborgo, www.museoarcheofinale.it*

ESSEN & TRINKEN

Rosita

In Finalpia ins Hinterland: Zum Blick aufs Meer gibts schmackhafte ligurische Küche, Fisch wie Fleisch. Auch neun Zimmer (€). *Di, Mi und Mo–Fr mittags geschl., Via Manie*

Ein Blickfang in Finale: die markante Kuppel von San Giovanni Battista

67, Tel. 019 60 07 19, www.hotelrosita.it, €€

Ai Torchi
Mal was anderes als eine der zahlreichen Pizzerien: in den alten Gemäuern von Finalborgo gute ligurische Küche und Weine. *Di geschl., Via dell'Annunziata 12, Tel. 019 69 05 31,* €€€

ÜBERNACHTEN

Agriturismo La Ca' dell'Alpe
Lauschig im Wald 10 km landeinwärts gelegen, mit Pferden. Drei Zimmer, zwei Häuschen und Zeltplätze. *Rialto, Via Alpe 10, Tel. 019 68 80 30, www.agriturismofinaleligure.it,* €

Florenz
Etwas außerhalb mit Garten und Pool, beliebt bei Familien und Sportlern (Biker, Climber). *40 Zi., Via Celesia 1, Tel. 019 69 56 67, Fax 01 96 81 67 69, www.florenzhotel.com,* €–€€

Insider Tipp **Letti al Castello**
Sehr romantisch: drei hübsche B-&-B-Zimmer in den Festungsmauern von Finalborgo. *Piazzetta Meloria 4, Tel. 019 69 50 56, www.lettialcastello.it,* €

Medusa
Ein hübsches, renoviertes Hotel am Meer, auf Mountainbiker eingestellt. *32 Zi., Lungomare di Via Concezione, Tel. 019 69 25 45, Fax 019 69 56 79, www.medusahotel.it,* €€

Ostello della Gioventù Castello Vuillermin
★ Die romantisch in einer neogotischen Burg untergebrachte Jugendherberge mit tollem Panorama zählt zu den schönsten Italiens. *69 Plätze (2- bis 5-Bett-Zimmer), Via G. Caviglia 46, Tel./Fax 019 69 05 15, www.ostellionline.org,* €

Punta Est
★ Ein Traumhotel in einer alten Villa mit modernem Anbau – schon wegen der Lage auf der östlichen Spitze von Finale Ligure überm Meer. *40 Zi., 5 Apartments, Via Aurelia 1, Tel./Fax 019 60 06 11, www.puntaest.com,* €€€

Relais Il Casale
In einem Villenkomplex 5 km landeinwärts zwischen Olivenbäumen und Weinreben 14 Ferienwohnungen mit großem Swimmingpool. *Bardino Vecchio, Tel. 01 96 37 50 14, Fax 019 64 90 86, www.ilcasale.it,* €€–€€€

AM ABEND

Man bummelt durch die Gassen voller Boutiquen und Cafés und über die erleuchtete Strandpromenade. Ein Treffpunkt ist das *Café Baquito (Lungomare Italia)*, zum Tanzen gehts in die Diskothek *Sporting Club* im Ortsteil San Bernardino.

AUSKUNFT

Via San Pietro 14, Tel. 019 68 10 19, Fax 019 68 18 04, www.finaleligure.net

ZIELE IN DER UMGEBUNG

Altopiano delle Manie [116 C5]
★ Von Finalpia aus geht es hinauf auf die naturgeschützte Hochebene

der Manie (8 km), mit Wiesen voller Blumen und Kräutern, Wäldern aus Eichen und Lärchen und Grotten und Felsformationen ein schönes Ausflugs- und Wandergebiet. Ein Lokal, wo man im Sommer schön und angenehm kühl draußen sitzt: *Osteria della Briga, Di, Mi und mittags geschl., Tel. 019 69 85 79, €*

Borgio Verezzi **[116 C6]**

Eine Gemeinde (2200 Ew.), zwei Ortschaften, drei Siedlungsformen: Am schmalen Sandstrand zieht sich natürlich wieder der Badebetrieb mit der umtriebigen Neustadt jenseits der Via Aurelia entlang, beschauliche Ruhe setzt dem der Altstadtkern Borgio um die Piazza San Pietro mit der gleichnamigen klassizistischen Kirche entgegen. Hier lädt das Restaurant *Dâ Casetta (Di und Mo–Fr mittags geschl. Tel. 019 61 01 66, €€)* mit bester ligurischer Küche ein. Besuchen Sie die Insider Tipp Tropfsteinhöhlen *Grotte di Borgio (Di–So Führungen um 9.30, 10.30, 11.30, 15, 16, 17 Uhr, www.grottediborgio.it)* mit ihren unterirdischen Seen. Auf 200 m Höhe erhebt sich ein Haufen steingrauer Häuser, *Verezzi,* Insider Tipp mit grandiosem Panorama inmitten von terrassierten Gemüse- und Obstfeldern, heute ein beliebtes Ausflugsziel.

Noli **[117 D5]**

★ Ein echtes Juwel ist Noli: Das nahezu intakte mittelalterliche Städtchen (3000 Ew.) schmiegt sich 10 km nordöstlich in eine Bucht mit Strand vor dem Capo Noli, einem Bergbuckel des Finalegebiets. Türme, niedrige Arkaden, eine hochromantische Burgruine und vor allem die eindrucksvolle Kirche *San Paragorio* aus dem 11. Jh. zeugen von der einstigen Bedeutung Nolis, das im Mittelalter immerhin eine freie Hafenstadtrepublik war. Im Ortskern findet man ein paar kleine, ganzjährig geöffnete Hotels mit guter, nicht billiger Küche. Ein Strandtipp wenige Kilometer nördlich jenseits von Spotorno sind die Insider Tipp *Buchten von Ber-*

Hinter Nolis breitem Strandboulevard versteckt sich ein mittelalterlicher Kern

geggi, etwa *Torre di Mare* gegenüber dem naturgeschützten Inselchen Isolotto di Bergeggi.

Toirano **[116 B6]**
Vom 10 km südlich gelegenen Borghetto Santo Spirito geht es hinauf nach Toirano, Ziel sind die berühmten Tropfsteinhöhlen (s. Kapitel »Mit Kindern reisen«).

Val Ponci **[116 C5]**
Beim Ausflug ins steile Tal des Bergflusses Aquila (von Finalpia aus Richtung Feglino) begegnet man den Überbleibseln der alten Römerstraße Via Julia Augusta in Gestalt von fünf römischen Brücken, bestens erhalten ist der *Ponte delle Fate,* die Feenbrücke. Nicht weit davon fand man frühgeschichtlich bewohnte Höhlen.

Insider Tipp **Varigotti** **[116 C6]**
Hemingway liebte Varigotti mit seiner zauberhaften Front der bunten ehemaligen Fischerhäuser direkt am Kiesstrand. Gleich hinter dem Yachthafen von Finale Ligure kommt das 1000-Seelen-Dorf mit etlichen sehenswerten Häusern, die im mediterran-arabischen Baustil gehalten sind. Wie beschaulich das Dorf mit seinen maurisch verspielten Bauelementen zum Meer hin ist, erahnt man kaum angesichts einer eher belanglosen Peripherie. Bei *Malpasso,* Richtung Capo di Noli, überrascht ein sogenannter fossiler Strand mit versteinerten Wellenspuren.

Schlafen kann man im hübschen *Al Saraceno (34 Zi, Via al Capo 2, Tel. 01 96 98 81 82, Fax 01 96 98 81 85, www.hotelalsaraceno.com, €€)* mit Restaurantterrasse zum Meer. Die Feinschmecker kommen fürs *Ristorante Muraglia – Conchiglia d'Oro (Mi, Okt.–Mai auch Di geschl., Via Aurelia 133, Tel. 019 69 80 15, €€€, auch 6 Zi., €),* vor allem für seine kunstvollen Fischgerichte weithin bekannt.

Hauptdarsteller auch an Varigottis Strandpromenade: die Palmen

IMPERIA

[115 E5] Zwei recht verschiedene Ortsteile bilden seit 1923 die Gemeinde Imperia (41 000 Ew.). Nicht nur das Flussbett des Impero trennt sie, sondern auch ihre Geschichte, denn hier verlief die Grenze zwischen der Republik Genua und dem Staat der Savoyer aus Turin: Die schöne Altstadt von Porto

In Imperias Hafen recken sich neben Palmen auch Kräne dem Azur entgegen

Maurizio auf dem Hügel mit dem stattlichen neoklassizistischen Dom San Maurizio nennt sich Parasio nach dem ehemaligen Gouverneur Genuas. Oneglia, einst der Vorposten Turins, zeigt sich heute in durch Industrie ziemlich zersiedeltem Gewand, doch der kleine Handelshafen ist immer noch sehr aktiv, hier lohnt ein Bummel unter den Arkaden der Calata Cuneo und auf der Piazza Dante. Außerdem ist Oneglia ein bedeutendes Zentrum der Olivenölherstellung: Hinter Imperia breiten sich riesige Olivenhaine im Hinterland aus.

MUSEEN

Museo Navale Internazionale del Ponente Ligure
Schiffsmodelle, Navigationsinstrumente und Karten geben Einblick in die einstige Schifffahrt zwischen der Ponente und dem Rest der Welt. *Mi und Sa 15–19, Juli/Aug. 21 bis 23 Uhr, Piazza del Duomo, Porto Maurizio*

Museo dell'Olivo Insider Tipp
Beim bekannten Olivenölproduzenten Fratelli Carli sieht man, wie das köstliche Öl entsteht. Mit schönem Garten. *Mo–Sa 9–12.30 und 15 bis 18.30 Uhr, Via Garessio 11, Oneglia, www.museodellolivo.com*

ESSEN & TRINKEN

Agrodolce
Viele halten die einfallsreiche mediterrane Küche dieses neuen Lokals am Hafen von Oneglia für die derzeit beste Imperias. *Mi geschl., Via Des Geneys, Tel. 01 83 29 37 02, www.ristoranteagrodolce.it,* €€

Hostaria
Unweit vom Hafen apartes Ambiente in alten Mauern. Spezialitäten Kaninchen und Stockfisch. *Mo, im Aug. auch mittags geschl., Via Sant'Antonio 7, Tel. 01 83 66 70 28,* €–€€

Pane e Vino
In Oneglia in Hafennähe eine reiche Weinauswahl zu Käse und kleinen

Gerichten. Bis spätabends ist viel los. *So-Mittag und Mi geschl., Via De Geneys 52, Tel. 01 83 29 00 44, €–€€*

ÜBERNACHTEN

Relais San Damian
Im ländlichen Hinterland Imperias zwischen Olivenhainen oberhalb von Dolcedo zehn geschmackvolle Suiten mit Swimmingpool, deutscher Besitzer. *Strada Vasia 47, Tel. 01 83 28 03 09, Fax 01 83 28 05 71, www.san-damian.com, €€*

AUSKUNFT

Viale Matteotti 37, Tel. 01 83 66 01 40, Fax 01 83 66 65 10, infoimperia@rivieradeifiori.org

ZIELE IN DER UMGEBUNG

Cervo **[115 E4]**
Bougainvillea über schmiedeeisernen Pforten, ein Kastell (Sitz des interessanten Bauern- und Handwerksmuseums *Museo Etnografico del Ponente Ligure, Sa–Do 9–12.30 und 15.30 bis 18.30 Uhr)*, mittelalterliche Gassen und Treppen bis hinunter an die Küstenstraße, eine alles überragende, prachtvolle Barockkirche, die einfallsreiche Küche des Restaurants *San Giorgio (Mo-Abend und Di geschl., Via Volta 19, Tel. 01 83 40 01 75, €€–€€€)* sowie ein renommiertes Sommerfestival der Kammermusik *(www.cervo.com/festival.php)* ergeben ein absolut lohnendes Ausflugsziel (1300 Ew.) an der Ponenteküste 10 km nordöstlich von Imperia. Auskunft: *Piazza Santa Caterina 2, Tel. 01 83 40 81 97*

Diano Marina **[115 E5]**
An Cervo schließen sich die modernen Badeorte San Bartolomeo al Mare und das vor allem bei Deutschen, Jugendlichen und Reiseveranstaltern beliebte Diano Marina mit schmalem, flachem, endlosem Sandstrand an. Eukalyptusbäu-

Im Land der Olive

Imperia ist die Hochburg des Olivenöls

Im Hinterland Imperias erstreckt sich mit mehr als 1 Mio. Olivenbäumen das weitläufigste Olivenanbaugebiet Liguriens. Das milde, feine Öl Liguriens zählt zu den besten Europas, allen voran der aus den geschützten Oliven von Taggia. In den Fremdenverkehrsämtern der Ponente gibt es Karten zur sogenannten Ölstraße, der *Strada dell'Olio,* die 22 Gemeinden im Hinterland verbindet, in denen das flüssige Gold hergestellt wird. Auch Adressen mit Ölmühlen bekommen Sie hier. Die Ölroute lädt zu Ausflügen in die oft sehr hübschen Orte in den Bergen ein, nach *Badalucco* (hier die renommierte Ölmühle *Olio Roi, www.olioroi.com*), *Dolcedo, Valloria,* nach *Lucinasco* und *Apricale.* Und Sie finden überall Lokale mit überraschend guter Küche. *www.blumenriviera.de/Italien/Ligurien/Olivenmuehlen*

me, Pinien und Palmen säumen die Straßen, Gemüse- und Obstanbau kennzeichnen das flache Hinterland. Es gibt jede Menge Hotels und Ferienwohnungen, z. B. die Apartmentanlage *Villa Marina (Via G. Ardoino 60, Tel. 01 83 40 26 46, Fax 01 83 40 28 42, www.villamarina.it, €–€€)* mit 30 Apartments direkt am Strand, und ein großes Sport- und Unterhaltungsangebot. Insider Tipp Im Juni, zum Fronleichnamsfest, bedecken den Asphalt Millionen von zu kunstvollen Mustern gelegten Blüten. Das 7 km landeinwärts gelegene Dorf *Villa Faraldi* bildet die stimmungsvolle Kulisse für ein Insider Tipp renommiertes Theater- und Musikfestival im Juli *(www.comune.villafaraldi.im.it)*. Bei allen Urlaubswünschen hilft das Fremdenverkehrsamt *(Corso Garibaldi 60, Tel. 01 83 49 69 56, Fax 01 83 49 43 65, www.golfodidiana.it)*.

Auf die Jüngeren warten in Diano unzählige Plätze für Nachtschwärmer, Kneipen, Pubs, Crêperien. Zum Tanzen gehts z. B. in die Diskothek *Tango Club* am Pier *Molo Landini* (hier auch die beliebte Diskobar *Querida*) oder in den Dauerbrenner *Sortilegio (Via Mortula, im Sommer am Molo delle Tartarughe)*.

San Remo

[114 C6] ★ Einst Inbegriff der mondänen Belle-Époque-Gesellschaft, die sich Anfang des 20. Jhs. in San Remo im Spielkasino und in den prachtvollen Hotels traf, lebt die Stadt (56 000 Ew.) heute von gediegenem Massentourismus und als Kapitale der Riviera dei Fiori von der Schnittblumenindustrie. Geblieben sind schöne Gärten, ein paar stattliche alte Villen und Hotelbauten, die orthodoxe Kirche mit Zwiebeltürmchen der russischen Aristokratie, einst Stammpublikum San Remos, sowie der mächtige Kasinobau, das Wahrzeichen der Stadt.

Einmal im Jahr rückt San Remo auch heute noch ins TV-Rampenlicht der Eurovision, wenn es Ende Februar zum Schauplatz des italienischen Schlagerfestivals wird, das die Italiener für eine Woche wie kaum ein anderes Ereignis vor die Mattscheibe bannt. In San Remo selbst ist dann besonders viel los, Nachtschwärmer und Musikfreunde kommen voll auf ihre Kosten. Im Oktober ist dann die internationale Elite der Liedermacher an der Reihe, beim *Festival Premio Tenco.*

San Remo hat richtig städtisches Flair, dazu gehören Parkanlagen, Verkehr, Alleen und mit dem Corso Matteotti eine lange Bummelmeile, an der sich ein Schaufenster ans andere reiht. Im Westteil der Stadt finden sich noch die alten Prachthotels und Villen in üppigen Parks sowie das Kasino. Im Norden erhebt sich die mittelalterliche Altstadt, La Pigna genannt, ein teils restauriertes, teils vergammeltes Gassenlabyrinth, das den Aufstieg lohnt.

Sehenswertes

Kathedrale San Siro

Ende des 19. Jhs. hat man diese spätromanische, dreischiffige Pfeilerbasilika von ihrer Barockisierung befreit. Zwei Kreuzigungen beeindrucken im Innern.

Madonna della Costa

Einen tollen Überblick über San Remo hat man vom Hügel dieser Wallfahrtskirche. Ursprünglich aus dem 14. Jh., präsentiert sich der im Innern prachtvoll mit Stuck und Marmor ausstaffierte Tempel heute im Gewand des 17./18. Jhs. Man erreicht ihn über eine schattige Allee bzw. die Gartenanlage Giardini Regina Elena oberhalb der Altstadt.

Monte Bignone

Einst führte eine Seilbahn auf den 1299 m hohen Hausberg San Remos. Heute erreicht man den Gipfel mit dem Auto, mit dem Bus (von der Piazza Colombo) oder zu Fuß.

Villa Nobel

Eine der schön verschmockten alten Villen des 19. Jhs. in üppigem Park, in der von 1890 bis 1896 der Dynamiterfinder Alfred Nobel lebte. Ausstellungen zu nobelpreisgekrönten wissenschaftlichen Entdeckungen sowie Führungen. *März bis Juni und Sept.–Dez. So 15 und 16 Uhr, Juli/Aug. Mi und So 20 bis 22 Uhr, Corso Cavallotti*

MUSEUM

Museo Civico

Im manieristisch-barocken Palazzo Borea d'Olmo sind das Stadtmuseum, das Funde zur Frühgeschichte und Antike im Raum San Remo zeigt, sowie eine Sammlung ligurischer Malerei aus dem 17.–19. Jh. untergebracht *Di–Sa 9–12 und 15 bis 18 Uhr, Via Matteotti 143*

ESSEN & TRINKEN

Armonia Insider Tipp

Etwas oberhalb im Stadtteil San Giacomo mit Blick aufs Meer gelegen, speist man in diesem neuen Lokal besonders gute Landküche wie mit Kräutern gefüllte Teigtaschen, Zicklein, Schnecken. *Di geschl., Via Golf 59, Tel. 01 84 55 74 42, €*

Il Bagatto

Kleines Lokal in altem Palazzo mit leichter ligurischer Fischküche. *So geschl., Corso Matteotti 145, Tel. 01 84 53 19 25, €€*

Ein immer noch lebendiges Relikt aus den mondänen Tagen der Belle Époque

Maggiorino
Bei diesem berühmten Imbissbäcker im Zentrum bekommt man die typisch ligurische *farinata,* einen Fladen aus Kichererbsenmehl, sowie die *sardenaira* mit Sardellen, Kapern und Tomaten. *Mo–Sa 6–14 und 16.30–19 Uhr, Via Roma 183, Tel. 01 84 50 43 38, €*

Nuovo Piccolo Mondo
Typisch ligurische Küche im Zentrum mit viel Gemüse, leckeren Nudelgerichten, Fischsuppe, Kaninchenbraten. *So/Mo geschl., Via Piave 7, Tel. 01 84 50 90 12, €*

Paolo e Barbara
Eines der Toprestaurants an der italienischen Riviera mit exzellenter Küche und Weinen zu stolzen Preisen. *Mi/Do geschl., Via Roma 47, Tel. 01 84 53 16 53, €€€*

EINKAUFEN

Einkaufsstraßen sind die *Via Corradi* und vor allem die Hauptmeile *Corso Matteotti,* ein Shoppingdorado. Am Samstag ist Wochenmarkt mit vielen günstigen Klamottenständen.

ÜBERNACHTEN

Paradiso
Ein lichtdurchflutetes Hotel mit etwas altmodischem Flair, guter Küche und Pool in schönem Garten, zentral und in Strandnähe gelegen. *41 Zi., Via Roccasterone 10, Tel. 01 84 57 12 11, Fax 01 84 57 81 76, www.paradisohotel.it, €€*

Royal
Inmitten eines großen Parks, in dem es das ganze Jahr über irgendwo blüht, spürt man in diesem Luxushotel dem einstigen Flair der Riviera nach; renoviert mit neuem Wellnessbereich. *140 Zi., Corso Imperatrice 80, Tel. 01 84 53 91, Fax 01 84 66 14 45, www.royalhotelsanremo.com, €€€*

Sole Mare
Familiär geführte, einfache Ferienpension am Meer, freundlich und gepflegt. *21 Zi., Via Carli 23, Tel. 01 84 57 71 05, Fax 01 84 53 27 78, www.solemarehotel.com, €–€€*

Camping Villaggio dei Fiori
Ein schattiger Campingplatz mit Bungalows am Meer, ganzjährig geöffnet. *Via Tiro a Volo 3, Tel. 01 84 66 06 35, Fax 01 84 66 23 77, www.villaggiodeifiori.it*

AM ABEND

Lost
Schauplatz der besten Diskofeste während des Schlagerfestivals. *Via Matteotti 178*

Spielkasino
Im kitschig-steifen Jugendstil des Kasinos von 1906 traf sich einst die europäische Noblesse. Obschon heute sehr viel profaner, geht es aber nach wie vor um Spiellust und -qual. *Der Saal mit den Slotmaschinen öffnet um 10 Uhr, die Spielsalons um 14.30 Uhr, degli Inglesi 18, www.casinosanremo.it*

Victory Morgana Bay Insider Tipp
In dieser an eine elegante Yacht erinnernden Rotunde über dem Meer trifft man sich zum Cappuccino, zur Happy Hour, zu sehr guten Cocktails, zu Fisch- und Fusionküche und zu DJ-Musik. *Corso Trento*

e Trieste 16, www.victorymorgana bay.it

AUSKUNFT

Largo Nuvoloni 1, Tel. 018 45 90 59, Fax 01 84 50 76 49, www.riviera deifiori.org

ZIELE IN DER UMGEBUNG

Insider Tipp

Bussana Vecchia **[114 C5]**
Ein von Künstlern und Handwerkern bevölkertes Ruinendorf knapp 9 km von San Remo, das vor 100 Jahren ein Erdbeben zerstört hatte. Heute ein beliebtes Ausflugsziel mit interessantem Kunsthandwerk, Ausstellungen, Ateliers, Cafés und romantischen Übernachtungsmöglichkeiten, denn Bussana ist gerade nachts sehr schön. *www.bussana.com*

Valle Argentina **[114 C4–5]**
Ein klassisches Ausflugsziel von San Remo aus ist die Fahrt ins Tal des Flusses Argentina mit dem stimmungsvollen mittelalterlichen Städtchen Taggia. Eine genaue Beschreibung des Ausflugs finden Sie im Kapitel »Ausflüge & Touren«.

SAVONA

[117 D4] Mit etwa 66 000 Ew. ist Savona die drittgrößte Stadt Liguriens und dank der weit vorragenden Felsspitze als Hafen seit jeher bestens geeignet. Ziemlich hässliche Industrieanlagen und moderne Zersiedelung locken nicht gerade zum Besuch, doch wer es dennoch wagt, bereut es nicht: Das Stadtinnere strahlt Lebendigkeit aus. Man bummelt über die breiten Boulevards der Neustadt, allen voran die *Via Paleocapa*, im Altstadtkern stößt man auf nette Ecken, auf Palazzi und Plätzchen; längs der Achse Via Pia finden sich einladende Geschäfte. Montags findet auf der *Piazza del Popolo*, einem von riesigen Bäumen bestandenen Platz am Rand der Innenstadt, ein großer Markt statt. Am ersten Wochenende im Monat gibt es Antiquitäten im Zentrum. Den Höhepunkt des Stadtbummels bildet die mächtige Festungsanlage Priamar.

SEHENSWERTES

Dom Santa Maria Assunta
Schweres Marmordekor, typisch für die Entstehungszeit (16./17. Jh., die Fassade stammt aus dem 19. Jh.), kennzeichnet die Kathedrale. Achten Sie auf das schöne Chorgestühl (1515). Durch den Kreuzgang (15. Jh.) mit 21 Heiligenfiguren aus Marmor gelangt man in die Sixtinische Kapelle, ursprünglich aus dem 15. Jh., heute in überschwänglichem Rokoko. *Piazza Duomo*

Fortezza Priamar
Ein mächtiges Beispiel der Militärarchtitektur der Renaissance – Genua ließ die Festung am Meer 1542 für eine Garnison errichten. Heute beherbergt sie Ausstellungen, Kulturveranstaltungen und das *Archäologische Museum (Di–Fr 9.30–12.30 und 15–17, Sa 10–12 und 15–17, So 15–17 Uhr, Juni–Sept. nachmittags jeweils 17–19 Uhr, www.museoarcheosavona.it)* im Palazzo della Loggia. In der Festung befindet sich außerdem die *Sammlung des ehemaligen Staatspräsidenten Sandro Pertini (Sa/So 10–12 Uhr)* mit Werken bedeutender italienischer

Einst Kerker, hat heute die Kultur Einzug in die Festung Priamar gehalten

Künstler wie Guttuso, Morandi, Vedova, Messina. *Corso Mazzini 1*

MUSEUM

Pinacoteca Civica
Die Gemäldesammlung gibt einen guten Überblick über die ligurische Malkunst vom Mittelalter bis zum 18. Jh. Hinzu kommen eine sehenswerte Keramikabteilung und die Insider Tipp Sammlung der einheimischen Künstlerin Milena Milani mit Werken von De Chirico, De Pisis, Magritte, Man Ray, Picasso. Alle Sammlungen sind wunderschön untergebracht im Palazzo Gavotti. *Mo, Mi, Fr 8.30–13, Di, Do 14–19 Uhr, Sa 8.30–13 und 15.30–18.30 (Juli/Aug. 20–23), So 15.30–18.30 Uhr, Juli/Aug. auch 20–23 Uhr, Piazza Chabrol 2*

ESSEN & TRINKEN

Pizzeria Priamar
Vor heiter bemalten Wänden sitzt man bei Pizza, Pasta und Fisch gegenüber der Festung. *Im Winter Mo geschl., Corso Mazzini 20, Tel. 019 82 45 16, €–€€*

Vino e Farinata Insider Tipp
Ein Muss beim Tagesausflug nach Savona, Fladen aus Kichererbsen- und Weizenmehl und Ligurisches in lebhaftem Ambiente. *So/Mo geschl., Via Pia 15, kein Tel., €*

ÜBERNACHTEN

Mare Hotel
Wer komfortabel wohnen, sich im Pool erfrischen und im eleganten Restaurant *A Spurcacciun-a (Mi geschl., €€€)* frische Meeresfrüchte speisen möchte, der ist hier richtig. *65 Zi., Via Nizza 89 r, Tel. 019 26 40 65, Fax 019 26 32 77, www.marehotel.it, €€*

AUSKUNFT

Im Rathaus (Corso Italia 157 r), Tel. 01 98 40 23 21, Fax 01 98 40 36 72, www.inforiviera.it

ZIELE IN DER UMGEBUNG

Albissola Marina und Albisola Superiore [117 D4]

Zwei Gemeinden 3 km östlich, ein zusammengewachsenes Siedlungsgebiet, das durch die Autobahntrasse und die Bahnlinie getrennt ist: Albisola Superiore erstreckt sich die Küste hinauf Richtung Varazze, beide Orte teilen sich den langen Kies-Sand-Strand. Hier lebt man zum einen natürlich vom Ferienbetrieb, zum anderen aber von der Keramikherstellung, die auf eine jahrhundertelange Tradition zurückblickt. Das zeigt in Albisola Superiore das *Museo della Ceramica Manlio Trucco (bei Redaktionsschluss geschl., Wiedereröffnung voraussichtl. Sommer 2007, Corso Ferrari 193)*. Eine Keramiksammlung des 20. Jhs. zeigt in Albissola Marina das Fabrikmuseum *Fabbrica Casa Museo Mazzotti (tgl. 10–12 und 16–18 Uhr, auf Wunsch Führungen durch die Fabrik, Viale Matteotti 29, www.gmazzotti1903.it/museo)*. ★ Keramik allerorten: Souvenirgeschäfte voll bunter Keramik, Keramikdekorationen an den Haustüren, als Ladenschilder, in Mauern eingelassen. Den Höhepunkt bildet die lange Strandpromenade, die mit von modernen Künstlern gestalteten Keramikmustern gepflastert ist, der *Lungomare degli Artisti*.

Einen Besuch lohnt in Albissola Marina die *Villa Durazzo-Faraggiana (März–Sept. Di–So 15–19 Uhr, Via Salomoni 117)* in schönem Park, ein Anwesen aus dem 18. Jh., das – neben Keramik – zeigt, in was für einem luxuriösen Ambiente die ligurische Aristokratie einst lebte.

In Albissola Marina sitzt man bei schmackhafter Traditionsküche an weiß gedeckten Tischen in der *Trattoria La Familiare (Mo geschl., Piazza del Popolo 8, Tel. 019 48 94 80, €–€€)*. Albissola Marina kann mit ein paar besonders guten Beachlokalen aufwarten: Für seine Beachpartys berühmt ist das Strandbad *Mivida Golden Beach* am Lungomare von Albissola Marina. Und das *Soleluna Beach (Passeggiata degli Artisti, www.solelunabeach.it)* im tropischen Stil steht im Ranking der italienischen Strandlokale ganz oben. Insider Tipp

Celle Ligure [117 E4]

Insider Tipp

5 km östlich noch einer dieser Badeorte mit modernem Tourismus am langen Strand und einem besonders hübschen älteren Kern: Vanille-, zimt, erdbeer-, pfirsich- und zitronenfarbene Fassaden schauen aufs Meer. Alles macht einen gepflegten Eindruck, mit üppigen Bepflanzungen und sauberen, feinsandigen Stränden. Ein charmantes Hotel unweit vom Meer ist das *Flora (36 Zi., Via Monte Tabor 47, Tel. 019 99 02 32, Fax 019 99 34 50, www.htlflora.com, €)*.

Varazze [117 E4]

Das Küstenstädtchen knapp 10 km östlich – sehr touristisch mit großem Yachthafen und gutem Wassersportangebot – ist uralt; seinen einstigen Reichtum hatte es als bedeutendes Werftzentrum erlangt. Die Altstadt mit vielen alten Kirchbauten lädt zum Bummel ein.

VENTIMIGLIA

[114 B6] Eine typische Grenzstadt mit viel Durchgangsverkehr, die Franzosen kommen von der teuren

Côte d'Azur zum Einkaufen, vor allem am Freitag zum Wochenmarkt, einem der reichhaltigsten Italiens. Westlich des Flusses Roja steigt der Altstadthügel an, Brücken verbinden die wenig attraktive Neustadt mit dem sehenswerten alten Kern.

SEHENSWERTES

Via Garibaldi
An der lebhaften Hauptachse, die die Altstadt durchzieht, mischt sich Mittelalterliches mit barocken Palazzi, dazu kommt das neoklassizistische Theater, und viele Läden laden zum Shopping ein.

MUSEUM

Museo Archeologico Girolamo Rossi
Die einstige Savoyerfestung Forte dell'Annunziata beherbergt Fundstücke aus der römischen Zeit Ventimiglias. *Di–Sa 9–12.30 und 15 bis 17, So 10–12.30 Uhr, Via Verdi 41*

ESSEN & TRINKEN

Baia Beniamin
Ein teurer Spaß, aber Labsal für Seele und Sinne: sehr gute Küche wunderschön an einer kleinen Bucht direkt überm Meer. *So-Abend und Mo geschl., auch 5 Zi., Ortsteil Grimaldi Inferiore, Corso Europa 63, Tel. 018 43 80 02, www.baiabeniamin.it, €€€*

Chez Lino
Gegenüber dem Stadtpark bezahlbare, ordentliche Fischküche. *So geschl., Via Milite Ignoto 1, Tel. 01 84 35 14 12, €–€€*

EINKAUFEN

Freitags findet am Rojaufer und im neueren Stadtteil ein riesiger Wochenmarkt statt: Bekleidung und Gastronomisches, Haushaltswaren, Pflanzen und Kräuter. Es kommen sogar Händler und Käufer aus dem nahen Frankreich. *8–16.30 Uhr*

Die Altstadt von Ventimiglia erhebt sich auf einem Hügel über der Roja

ÜBERNACHTEN

Romantic Casa Lorenzina
Phantastische Lage oberhalb der Via Aurelia im Ortsteil Villa Inferiore, geschmackvoll eingerichtet mit herrlicher Frühstücksterrasse. *4 Zi., Corso Toscanini 30, Tel. 34 71 61 10 45, www.casalorenzina.it, €€*

Sole Mare
An der Uferpromenade ein freundliches, frisches Haus mit schmackhafter Nudelküche *(Mo geschl., €). 28 Zi., Passeggiata Marconi 22, Tel. 01 84 35 18 54, Fax 01 84 23 09 88, www.hotelsolemare.it, € – €€*

AUSKUNFT

Via Cavour 61, Tel./Fax 01 84 35 11 83, infoventimiglia@rivieradeifiori.org

ZIELE IN DER UMGEBUNG

Balzi Rossi **[114 A6]**
In den *Grimaldi-Grotten* vermitteln vermitteln zahllose Wandzeichnungen aus der mittleren und älteren Steinzeit etwas von der Lebens- und Denkweise einer uralten Menschenrasse. Sehenswert ist darüber hinaus das *Museo Preistorico dei Balzi Rossi (Di–So 8.30–19.30 Uhr, Grotten bis 1 Std. vor Sonnenuntergang und nur bei gutem Wetter).*

Dolceacqua **[114 B5]**
Um die 10 km nördlich gelegene, malerische Festungsstadt (Ruine einer Doria-Burg) wächst der beste ligurische Rotwein, der Rossese di Dolceacqua. Ein Einkaufs- und Ferientipp 8 km weiter nördlich ist Insider Tipp *Agriturismo Terre Bianche (Tel. 018 43 14 26, Fax 018 43 12 30, www.terrebianche.com, €€)* im Ortsteil *Arcagna.* Hier kann man Wein und Olivenöl kaufen und zwischen acht netten Zimmern wählen.

Ein botanisch-architektonisches Gesamtkunstwerk: Giardini Hanbury

Giardini Botanici Hanbury **[114 A6]**
★ Angehende Gärtner und Botaniker reißen sich um ein Praktikum in diesem Pflanzenparadies, einer einzigartigen Mischung aus mediterraner und exotischer Vegetationspracht aus Asien, Lateinamerika, Afrika. Das Klima dieser Ecke Liguriens hat das möglich gemacht sowie die Gartenleidenschaft der Brüder Thomas und Daniel Hanbury, die diesen Traumgarten, einen der berühmtesten Italiens, ab 1867 anlegten. *Okt.–März Do–Di 9.30–16, April–Mitte Juni tgl. 9.30–17, Mitte Juni–Sept. tgl. 9.30–18 Uhr, www.amicihanbury.com, Corso Montecarlo 43, La Mortola*

An der Küste der schroffen Felsen

Paradiesbuchten und romantische Klippendörfer vor wild bewegter Bergkulisse

Östlich von Genua beginnt die Riviera di Levante, die Küste der aufgehenden Sonne. Sie lockt mit Buchten, die sich Golfo Paradiso nennen: der paradiesische Golf vor Camogli. Oder Baia delle Favole, die märchenhafte Bucht, und Baia del Silenzio, die stille Bucht: Das sind die beiden Buchten, die den Felssporn von Sestri Levante flankieren. Der Golfo dei Poeti, der Golf der Dichter, ist nach den romantischen Schöngeistern im 19. Jh. wie Lord Byron, Percy B. Shelley und John Keats benannt, die der Zauber des Küstenstreifens unterhalb von Lerici in Bann schlug.

Im Vergleich zur flacheren, weitläufigeren Riviera di Ponente mit ihren langen Sandstränden bietet die Riviera di Levante ein ganz anderes Bild: Sehr viel steiler, unzugänglicher, unregelmäßiger fällt hier der Apennin ins Meer. Manchen Ortschaften bleibt nur der Küstensaum von ausgefransten Felsspornen oder eine Reihe winziger Einbuchtungen, in die sie sich drücken. Diese Enge schützt sie indes auch vor moderner Zersiedelung und Massentourismus.

Typisch für Ligurien: die Fassaden in Rot- und Gelbtönen

Geschäfte und Galerien: Altstadtgasse in Sestri Levante

Über die Bergrücken und Küstenkämme ziehen sich herrliche, gut ausgeschilderte Wanderwege durch üppige immergrüne Wälder, Buschlandschaften, Weinterrassen, Olivengärten. Dabei schweift der Blick immer wieder über die bewegte Küste und das glitzernde Meer.

Die Riviera di Levante beginnt in Nervi, diesem einst berühmten Villenort, in den im 19. Jh. Könige und Literaten zur Sommerfrische fuhren und den sich heute längst die Peripherie Genuas einverleibt hat. Lassen Sie sich davon nicht abschrecken, kommen Sie zur Rosenblüte in den herrlichen Stadtpark von Nervi mit seinen Villenmuseen voller Schätze einstiger Lebenskultur. Vor allem aber: Spazieren Sie über die kilometerlange Klip- Insider Tipp

Markant: die Phalanx der hoch aufgeschossenen Häuser an Camoglis Strand

penpromenade, die berühmte *Passeggiata Anita Garibaldi,* eingeschnitten in die Felsküste, an der das Meer hochschäumt, mit atemraubendem Weitblick auf dieses wunderschöne Küstenrelief: genau die richtige Stelle zum Start für eine Reise entlang der Riviera di Levante.

CAMOGLI

[118–119 C–D5] ★ Camogli, am Golfo Paradiso vor der Kulisse der Halbinsel von Portofino gelegen, ist längst kein Geheimtipp mehr, dazu ist es für viel zu viele der (teure) Lieblingsort an der Levante geworden: Das Küstenstädtchen (5900 Ew.) bezaubert mit seiner Häuserphalanx, die sich am Strand in engem Schulterschluss auftürmt. Hier sind es keine geduckten, schmalen Fischerhäuschen, sondern stattliche Häuser mit hoch aufgeschossenen Fassaden in wunderschönen Farben. Die zusätzlich im Trompe-l'Œil-Stil aufgemalten Fenster unterstreichen den urbanen Wohncharakter.

Viele Mailänder haben heute hier ihre Ferienwohnung, möglichst mit Panoramabalkon aufs Meer und den gepflegten Kieselstrand. Diese Kieselsteine sind auf vielen Gassen und dem Kirchvorplatz zu schönen Pflastermustern gelegt. Von Camogli geht es in die Dörfer Ruta und in das herrlich gelegene San Rocco, Ausgangspunkt für Wanderungen an die Landspitze Punta Chiappa, über den Bergrücken des Parco Naturale del Monte Portofino und in die Bucht mit dem Kloster San Fruttuoso. Insider Tipp

SEHENSWERTES

Hafen

Die Kaimauer der kleinen, beschaulichen Hafenanlage mit bunten Fischerbooten stammt noch aus dem 17. Jh.; vom Strand trennt ihn ein

Felsen, auf dem sich das mittelalterliche *Castello Dragone* sowie die trutzige Pfarrkirche mit prachtvollem Innern (13./18. Jh.) erheben. Vom Hafen starten Ausflugsboote nach San Fruttuoso, Portofino, in die Cinque Terre etc.

Santuario del Boschetto
Auf dem Weg nach Ruta kommt man durch den Ortsteil Boschetto mit der Marienkirche Nostra Signora del Boschetto (17. Jh.); hier lohnt die Sammlung von anrührenden Exvotobildern einen Blick.

Insider Tipp

ESSEN & TRINKEN

La Cucina di Nonna Nina
6 km südlich oberhalb von Camogli in San Rocco gelegen, man sitzt wunderbar auf der Terrasse bei Ligurischem wie Gemüsetorten, Tintenfischsuppe usw. *Mi geschl., Via Molfino 126, Tel. 01 85 77 38 35,* €€

La Rosa
Das Traditionsrestaurant von Camogli mit guten Fischgerichten. *Mi-Mittag und Di geschl., Largo Casabona 11, Tel. 01 85 77 34 [illegible]1,* €€–€€€

La Rotonda
Am *lungomare* mit Terrasse zum Strand, gute Fleisch-, Fisch- und Pilzgerichte. *Di geschl., Via Garibaldi 101, Tel. 01 85 77 45 02,* €–€€

ÜBERNACHTEN

La Camogliese
Eine nette Ferienpension in Strandnähe; ein paar Häuser weiter das dazugehörige Restaurant *(Mi ge-*

MARCO POLO Highlights »Riviera di Levante«

★ **Museo Amedeo Lia**
Hochkarätige Gemälde in einem restaurierten Konvent in La Spezia (Seite 59)

★ **Camogli**
Besonders eindrucksvoll: die typisch ligurische, bunte Fassadenphalanx (Seite 50)

★ **Baia del Silenzio**
Die feinsandige »Bucht der Stille« in Sestri, gerahmt von stattlichen Palazzi (Seite 56)

★ **San Fruttuoso**
Eine schöne mittelalterliche Abtei in traumhafter Bucht (Seite 67)

★ **Samtwerkstätten in Zoagli**
Zuschauen, wie heute noch Samt und Seide mit der Hand gemacht werden (Seite 57)

★ **Basilica San Salvatore dei Fieschi**
Eine der schönsten mittelalterlichen Kirchen Liguriens in toller Lage (Seite 55)

★ **Portofino**
Allein der Blick ist einen Abstecher wert (Seite 64)

★ **Stele aus der Lunigiana**
Geheimnisvolle Steinfiguren im Archäologischen Museum von La Spezia (Seite 59)

schl.). 21 Zi., Via Garibaldi 55, Tel. 01 85 77 14 02, Fax 01 85 77 40 24, www.lacamogliese.it, €–€€

Casmona
Überm Strand in einem alten, aber renovierten Palazzo. Einige Zimmer haben einen Balkon; ganzjährig geöffnet. *27 Zi., Salita Pineto 13, Tel. 01 85 77 00 15, Fax 01 85 77 50 30, www.casmona.com, €€*

Cenobio dei Dogi
Das »Dogenkloster« ist ein Hotel der Luxusklasse mit Terrasse und Park zum Meer hin. *107 Zi., Via Cuneo 34, Tel. 01 85 72 41, Fax 01 85 77 27 96, www.cenobio.it, €€€*

AUSKUNFT

Via XX Settembre 33, Tel./Fax 01 85 77 10 66, www.camogli.it

ZIELE IN DER UMGEBUNG

Pieve Ligure **[118 C4–5]**
Pieve Ligure, mit seinem alten Ortsteil Pieve Alta 6 km westlich hoch über dem felsigen Küstensaum gelegen, verdankt die frühe Mimosenblüte (ihr zu Ehren ein Fest Anfang Februar) seinem extrem milden Klima. Und wilde Orchideen blühen auf den Bergwiesen des nahen *Monte di Santa Croce*, zu dem ein Wanderweg hinaufführt. Von dessen Spitze (518 m) starten die Paraglider ihren Flug über die Küste.

Punta Chiappa **[118 C5]**
Auf diese wunderbar gelegene Landspitze der Halbinsel von Portofino lässt es sich bequem von Camogli über einen Küstenweg wandern; oder man lässt sich mit den im Sommer häufig verkehrenden Fährbooten herbringen. Schön und ein wenig altmodisch wohnen Sie im auf Klippen klebenden *Stella Maris (15 Zi., Via San Nicolò 68, Tel. 01 85 77 02 85, www.stellamaris.cc, €€)* mit toller Panoramaterrasse. Ebenfalls auf herrlicher Aussichtsterrasse schmeckt die frische Fischküche in der beliebten Ausflugstrattoria *Do Spadin (im Sommer tgl., sonst nur am Wochen-*

Das große Brutzeln

Die Megafritteuse im Hafen von Camogli

Man kann es kaum glauben, muss es einfach mal gesehen haben: In der größten Pfanne der Welt – 4 m Durchmesser und ein 6 m langer Pfannenstiel – werden 1000 kg in der Nacht zuvor frisch gefangene Fische und Meeresfrüchte in 1000 l Öl frittiert. Daran essen sich am zweiten Maiwochenende mindestens 10 000 Menschen satt – im Namen von San Fortunato, dem Schutzpatron von Camogli, dessen Silberbüste in feierlicher Prozession durch die hübschen Gassen getragen wird. Und nicht nur in der Megapfanne, sondern an allen Straßenecken wird gebrutzelt – wie immer, wenn es in Italien etwas zu feiern gibt.

ende, Via San Nicolò 55, Tel. 01 85 77 06 24, €€–€€€).

Recco **[118 C5]**
Der eigentlich nicht besonders attraktive Ort 3 km westlich ist berühmt für seine *focaccia al formaggio,* einen Hefeteigfladen mit Käse. Die *focaccia* von Recco ist ein Markenzeichen. Kommen Sie am vierten Maiwochenende zum *Focaccia-Fest,* oder probieren Sie sie in einer der *focaccerie,* z. B. *La Focacceria (Di geschl., Via Roma 274).* Man findet auch gehobene Küche, etwa im gepflegten *Da ö Vittorio (Do geschl., Via Roma 160, Tel. 018 57 40 29, €€),* auch Hotel *(20 Zi., www.daovittorio.it, €–€€).*

Torriglia **[118–119 C–D3]**
In den knapp 50 km landeinwärts gelegenen Luftkurort (769 m, 2200 Ew.) führt eine schöne Landschaftstour über den Passo della Scoffera und über sehenswerte Ortschaften wie Uscio und Lumarzo. Von Torriglia starten Ausflüge auf den unter Naturschutz gestellten *Monte Antola* (1597 m), wegen seiner Insider Tipp weichen, im Frühling duftig blühenden Wiesen, seiner verstreuten Dorf- und Kastellreste und seiner herrlichen Ausblicke ein sehr beliebtes Wandergebiet.

CHIAVARI

[119 E5] Die Kleinstadt (28 000 Ew.), die sich in der Mündungslandschaft des Apenninflusses Entella erstreckt, ist dank einer lebendigen Innenstadt, die noch ihre mittelalterliche Gründung spüren lässt, genau das richtige Ausflugsziel, wenn man mal Lust auf Stadt hat.

SEHENSWERTES

Altstadtbummel Insider Tipp
Chiavari lohnt zum Bummeln durch seine lebhafte Altstadt unter Arkaden voller Geschäfte und einladender Bars. Hauptachse ist der sogenannte *carrugiu dritu (Via Martiri della Libertà).* Die *Piazza Mazzini* ist Mo–Sa vormittags Bühne eines lebhaften Marktes, an der anschließenden *Piazza Nostra Signora dell'Orto* versammeln sich Rathaus, Kathedrale und Bischofspalast.

Palazzo Rocca
Einst Residenz der Adelsfamilie Rocca, steht heute der dazugehörige Park, der sich mit seinen botanischen Raritäten den Felshang hinaufzieht, den Bürgern offen. In den ehemaligen Stallungen zeigt das *Museo Archeologico (Di–Sa sowie 2. und 4. So im Monat 9–13.30 Uhr)* interessante Funde aus der prähistorischen Zeit Chiavaris und der Umgebung. Die edel möblierte Beletage des Palazzos beherbergt eine sehenswerte *Pinakothek (Sa/So 10–12 und 16–19 Uhr)* mit Malerei des 17. Jhs. *Via Costaguta 2–4*

ESSEN & TRINKEN

Da Chiavari nicht nur vom Tourismus lebt, kann man hier gut und zugleich bezahlbar essen.

Fondaco del Vecchio Glicine
Alteingesessene Trattoria mit sorgfältig zubereiteter Hausmannskost. *Mi geschl., Via G. Raggio 39, Tel. 01 85 30 14 21, €*

Enoteca Piccolo Ristorante
Frittierte Zucchiniblüten, Artischockensuppe, Fisch in Kräutern, Ka-

Ein lohnender Ort zum (Einkaufs-)Bummel ist die Altstadt von Chiavari

ninchenbraten und dazu eine phantastische Weinauswahl, denn das winzige Lokal ist zugleich Weinhandlung. *Di geschl., Via Bontà 22, Tel. 01 85 30 64 98, €–€€*

Luchin
Eine einladende, lebhafte und bodenständige Traditionstrattoria unter den Arkaden der Altstadt. *So geschl., Via Bighetti 53, Tel. 01 85 30 10 63, €*

EINKAUFEN

Chiavari ist italienweit berühmt für seine Stühle aus Buchenholz mit Sitzflächen aus geflochtenem Stroh. Eine Firma, die diese *chiavarine* heute noch herstellt, ist *Levaggi (Via Parma 469, www.levaggisedie.it)*. Die beste Weinhandlung mit dem seltenen Dessertwein *passito di Lerici* ist die *Enoteca Bisson (Corso Gianelli 28 r, www.bissonvini.it)* der Bissons, die auch selbst Winzer sind.

ÜBERNACHTEN

Monte Rosa
Sehr ordentliches Altstadthotel. *61 Zi., Via Monsignor Marinetti 6, Tel. 01 85 31 48 53, Fax 01 85 31 28 68, www.hotelmonterosa.it, €€*

B & B Vico Busco
Zwei ansprechend moderne Zimmer in einem Altstadthaus. *Vico Busco 2/5, Tel. 018 51 87 10 54, Fax 01 85 31 42 83, www.vicobusco.it, €*

AUSKUNFT

Corso Assarotti 1, Tel. 01 85 32 51 98, Fax 01 85 32 47 96

ZIELE IN DER UMGEBUNG

Gravegliatal und Basilica dei Fieschi **[119 E5]**
Die Familie Fieschi gewann seit dem Mittelalter großen Einfluss in Genua und Ligurien, überall stößt man

bei Palazzi und Burgen auf ihren Namen. Ihre Rivalität mit der Doria-Familie trieb sie 1547 zu einer Verschwörung gegen den mächtigen Andrea Doria, in der sie unterlag und zerstört wurde, nachzulesen bei Schiller in der »Verschwörung des Fiesko zu Genua«.

Von Chiavari geht es wenige Kilometer Richtung Cogorno im Gravegliatal, ein Dorf mit Weitblick auf Chiavari und Lavagna, auf die Entellamündung und die terrassierten Hänge mit Olivenhainen. Von Cogorno führt ein kurzer Abzweig zur ★ *Basilica San Salvatore dei Fieschi*, einem der schönsten Beispiele für den typisch ligurischen, romanisch-gotischen Baustil mit seinem helldunklen Streifenmuster aus Kalk- und Schiefergestein. Das gilt auch für den nahen gotischen *Palazzo dei Fieschi*. Die Basilika wurde 1252 durch Papst Innozenz IV., auch er ein Fieschi, geweiht.

Hier oben finden sich zudem zwei von Slow-Food ganz besonders empfohlene Trattorien: *La Brinca (Mo und außer Sa/So mittags geschl., Via Campo di Ne 58, Tel. 01 85 33 74 80, €€)* in *Ne* und in *Conscenti* die *Antica Trattoria dei Mosto (Mi, Juli/Aug. auch mittags geschl., Piazza dei Mosto 15/1, Tel. 01 85 33 75 02, €€)*.

Eine Schiefermine, die man im Rahmen einer Führung besichtigen kann, findet sich noch etwas weiter talaufwärts in der oberen Val Graveglia: *Miniera di Gambatesa, Feb. bis Juli und Sept.–Nov. Mi–So, Aug. tgl., Dez./Jan. Sa/So 9–17 Uhr, www.minieragambatesa.it*

Lavagna [119 E5]

Der Ortsname *(lavagna* = Schiefertafel) verweist auf die traditionelle Lebensgrundlage, die das bergige Hinterland hier seit Jahrhunderten liefert: den Abbau von schwarzem Schiefergestein, der in Ligurien vielfach bei der Fassadenverzierung, als Türfassung, als Treppengestein und als Dachbedeckung zu finden ist. Lavagna schließt sich jenseits der Entellamündung an Chiavari an und bietet vor allem einen großen Sporthafen und Mitte August ein berühmtes Volksfest, die kollektive Verspeisung einer gigantischen Torte, der *Torta dei Fieschi*. Mit dem nächsten Küstenort *Cavi* verbindet Lavagna ein schier endloser, aber nicht sonderlich attraktiver Kiesstrand, der längste an der Levante.

Madonna delle Grazie [119 E5]

3 km von Chiavari entfernt, gleich hinter dem ersten Straßentunnel Richtung Genua, liegt die Wallfahrtskirche auf einem Hügel, der den Aufstieg schon wegen des schönen Blicks lohnt. Sehenswert im Innern der Kirche sind gut erhaltene Fresken von Teramo Piaggio (16. Jh.) zur Vita des Christus.

Moneglia [119 F6]

Der kleine Ort 20 km südöstlich schmiegt sich schön in seine einladende Strandbucht vor die sich vorwölbende bergige Küstenlandschaft. Sein beschauliches, verwinkeltes Zentrum, zum Meer hin von einer stattlichen Palmenallee flankiert, lädt zum Bummeln und Geschäftegucken ein. Hier wurde der berühmte ligurische Maler des 16. Jh., Luca Cambiaso, geboren, in den Kirchen San Giorgio und Santa Croce hängen Werke von ihm. Eine sympathische Speiseadresse im Ortskern ist *Da U Limottu (Di geschl., Piazza Marengo 13, Tel.*

018 54 98 77, €–€€). Zum Übernachten laden die drei Zimmer der Insider Tipp *A Casa di Roby (Strada San Lorenzo 7 a, Tel. 018 54 96 42, www.acasadiroby.it, €€),* hochromantisch und herrlich gelegen im Dorf *San Lorenzo* oberhalb von Moneglia.

Sestri Levante **[119 E6]**

Das lebhafte – und nicht billige – Ferienstädtchen (20 000 Ew.) 10 km südöstlich bildet mit seinem vorgelagerten Felsinselchen den östlichen Abschluss des Golfo del Tigullio. Seit dem Mittelalter ist das felsig zerfranste, mit üppiger Vegetation bewachsene Inselchen mit dem Festland durch sandige Ablagerungen verbunden. Sie bilden zum Golfo del Tigullio hin die »Märchen«-Bucht *Baia delle Favole* mit dem Strand, der sich zum Westen hin am Städtchen entlangzieht, mit zahlreichen Strandbädern, Sportangeboten und dem *lungomare,* der Uferpromenade mit Eiscafés.

Zur anderen, östlichen Seite hin öffnet sich die besonders schöne Bucht ★ *Baia del Silenzio,* die sich, wie der Name suggeriert, stiller, abgeschiedener präsentiert. Ihre Kulisse bilden bis an den Strand herangebaute stattliche Häuser, wieder mit den typisch ligurischen farbigen Fassaden. Der Blick nach vorn fällt auf die ansteigende Landzunge Punta Manara (Naturschutzgebiet Monte Castello), über die ein schöner Küstenwanderweg durch Macchiawälder bis nach Moneglia führt.

Der alte Ortskern von Sestri zieht sich vom Inselchen landeinwärts, man flaniert über den lebhaften *budello,* die Altstadtgasse Via XXV Aprile mit Renaissancehäusern mit in Schieferstein gefassten Portalen, Geschäften und Cafés. Das *Museo Galleria Rizzi (April–Okt. Mi 16 bis 19, Fr/Sa 21.30–23.30, So 10 bis 13 Uhr, Via Cappuccini 8)* zeigt mit Rubens, Tiepolo, Raffael eine erstaunlich wertvolle Bildersammlung. Geht man das Inselchen hinauf, lohnt die mittelalterliche Kirche *San Nicolò;* weiter auf die bewaldete Inselkuppe haben nur Gäste des Grand Hotel dei Castelli *(www.hoteldeicastelli.it)* Zutritt.

Am kleinen Hafen an der Baia delle Favole speist man sehr gut im

Zwei wunderschöne Buchten sind die Trümpfe von Sestri Levante

El Pescador (Di, im Sommer auch mittags geschl., Via Queirolo, Tel. 018 54 28 88, €€€). Besonders schön wohnt es sich an der Baia del Silenzio im freundlich-eleganten Hotel *Helvetia (21 Zi., Via Cappuccini 43, Tel. 018 54 11 75, Fax 01 85 45 72 16, www.hotelhelvetia.it, €€).* Eine empfehlenswerte Adresse für die Einkehr im neueren Teil ist die *Trattoria della Mandrella (Di, im Winter Di/Mi geschl., Viale Dante 37, Tel. 018 54 27 16, €).* Auskunft: *Piazza Sant'Antonio 10, Tel. 01 85 45 70 11, Fax 01 85 45 95 75, www.apttigullio.liguria.it*

Val Fontanabuona **[119 D–E 4–5]**
Das Fontanabuonatal bildet eines der Flusstäler oberhalb von Chiavari. Berühmt ist es wegen seines Schieferabbaus, aus dem die weltweit begehrtesten Platten für Billardtische entstehen. Im knapp 20 km entfernten Hauptort *Cicagna* findet man Geschäfte, die Mitbringsel wie Schalen, Aschenbecher usw. aus diesem schönen, anthrazitgrauen Gestein anbieten *(www.ardesiafontanabuona.com).* Um den Schieferabbau näher kennen zu lernen, hatte man das *Ecomuseo dell'Ardesia* im Ortsteil *Chiapparino* eingerichtet, das aber derzeit wegen Finanzmangel geschlossen ist.

Varese Ligure **[120 B2]**
Ein Ausflugsziel 45 km im Landesinnern ist Varese Ligure, hochberühmt wegen der schneckenrunden Anlage seiner alten, hervorragend restaurierten Häuser und wegen seiner ökologisch ausgerichteten Landwirtschaft, die es zum grünen Musterdorf macht. Schmackhaftes Essen im schön altmodischen Speisesaal und Unterkunft bekommen Sie im *Amici (Mi geschl., 28 Zi., Via Garibaldi 80, Tel. 01 87 84 21 39, Fax 01 87 84 08 91, www.albergoamici.com, €).* Von dort geht es weiter hinauf auf den *Passo delle Cento Croci,* eine wunderschön bewaldete Berggegend. *www.prolocovareseligure.it*

Insider Tipp

Zoagli **[119 D5]**
Der Ort auf halbem Weg zwischen Chiavari und Rapallo mit seinem Strand unter den hohen Pfeilern der Bahnlinie ist bekannt für seinen Samt und seinen Seidendamast. Auch wenn in den letzten Jahren viele Samtfabriken zugemacht haben, gibt es immer noch ein paar ★ Samtwerkstätten in Zoagli, die diese Tradition aufrechterhalten und auf Webstühlen prachtvolle Stoffe herstellen. Dabei darf man zuschauen: *Giuseppe Gaggioli* in der *Via dei Velluti 1 (Abzweigung auf der Höhe der Via Aurelia 208, Tel. 01 85 25 90 57, www.tessituragaggioli.it).* Auch ein Laden gehört dazu. Samt- und Seidenstoffe findet man auch im Laden *Velluti e Seterie Cordani (Via San Pietro 21, an der Via Aurelia Richtung Chiavari, www.seteriecordani.com).*

LA SPEZIA

[121 D5] Wer La Spezia mit dem Boot ansteuert, erlebt die Stadt von ihrer schönsten Seite, liegt sie doch wunderbar im Schutz des tief ins Land geschnittenen Golfs. Diese ideale Voraussetzung für einen sicheren Hafen veranlasste zunächst Napoleon (ab 1808) und anschließend den italienischen Staat, La Spezia zu einem bedeutenden Mili-

In einem alten, restaurierten Konvent: das Kunstmuseum Amedeo Lia

tärhafen auszubauen. Das wurde ihr in den beiden Weltkriegen zum Verhängnis: Als Marinestützpunkt wurde die Stadt schwer angegriffen.

Der Wiederaufbau und ihre industrielle Entwicklung haben sie wahrlich nicht verschönert, dennoch: Wer Lust auf Kultur und Stadtflair hat – immerhin zählt die Provinzhauptstadt fast 100 000 Ew. –, der ist hier genau richtig: Neben dem Besuch der sehenswerten Archäologie- und Kunstmuseen lohnt ein Bummel durchs lebhafte Innenstadtviertel *Prione,* wo in letzter Zeit neue Lokale aufgemacht haben und es zur Aperitifstunde brummt. Ein Augenschmaus: Im Yachthafen *Porto Lotti* überwintern edle Yachten des italienischen Geldadels.

Insider Tipp

SEHENSWERTES

Arsenal

Südwestlich am Golf erstreckt sich auf 165 ha das Marinegelände von La Spezia, Mitte des 19. Jhs. zum größten Marinearsenal Italiens ausgebaut. Ein Museum auf dem Gelände zeigt die Geschichte der militärischen Schifffahrt: *Museo Tecnico Navale della Marina Militare, Mo bis Sa 8–18.45, So 8–13 Uhr, Viale Amendola 1*

Castello San Giorgio

Vom Vorplatz der hoch gelegenen Festungsanlage, die im Mittelalter als Bollwerk Genuas gegen die Seerepublik Pisa entstanden war, hat man einen phantastischen Rundblick auf den von drei Seiten geschützten Golf. Heute ist die Burg Sitz des Archäologischen Museums.

Santa Maria Assunta

Die im 13. Jh. entstandene Kirche wurde im 15. Jh. umgebaut und erhielt 1954 eine neue Fassade aus Streifenquadern. Für Kunstfreunde: im linken Seitenschiff eine farbig glasierte Terrakottagruppe von Andrea della Robbia (16. Jh.), die die Krönung Marias darstellt.

MUSEEN

CAMEC

Der Name Centro d'Arte Moderna e Contemporanea ist Programm: Nun hat auch La Spezia ein Museum mit zeitgenössischer Kunst. *Di–Sa 10–13 und 15–19, So 11–19 Uhr, Piazza Cesare Battisti*

Museo Amedeo Lia

★ Im Zentrum zeigt die kostbare Kunstsammlung des Industriellen und Mäzens Amedeo Lia Werke von Pietro Lorenzetti, Bernardo Daddi, Jacopo da Pontormo, Tizian, Tiepolo und vielen anderen. *Di–So 10–18 Uhr, Via Prione 234*

Museo Archeologico U. Formentini

Die Sammlung im Castello San Giorgio zeigt prähistorische Funde aus der Umgebung La Spezias und der alten römischen Hafenstadt Luni; der Höhepunkt sind die berühmten geheimnisvollen Steinfiguren, die ★ *stele* aus der Lunigiana, dem Grenzgebiet zur Toskana. Das Kastell ist über eine Treppe von der Via XX Settembre aus zu erreichen. *Mi–Mo 9.30–12.30 und 14–17 (Juni–Sept. 17–20) Uhr, Via 27 Marzo*

ESSEN & TRINKEN

Es gibt eine Reihe sympathischer Trattorien in und um La Spezia. Fragen Sie nach lokalen Spezialitäten wie den *muscoli ripieni*, den gefüllten Miesmuscheln, nach *frittelle di baccalà*, frittierten Stockfischküchlein, nach der Erbsen-Bohnen-Suppe *mescciua*.

All'Incontro

Mitten im Zentrum, zu frischer Mittelmeerküche eine gute Weinkarte. *So geschl., Via Sapri 10, Tel. 018 72 46 89,* €€

Trattoria all'Inferno

Handfeste Trattoria in den Kellern eines Altstadthauses; probieren Sie einmal die gefüllten Sardellen! *So geschl., Via Lorenzo Costa 3, Tel. 018 72 94 58,* €

La Pia

Alteingesessenes, immer volles Imbisslokal mit Pizzen, *farinata* und wurst- oder käsegefüllten *focacce. So geschl., Via Magenta 12, Tel. 01 87 73 99 99, www.lapia.it,* €

EINKAUFEN

Rund um die Kirche Santa Maria Assunta befindet sich das Zentrum mit vielen Geschäften. Markttreiben herrscht vormittags an der *Piazza Cavour* bzw. *Piazza del Mercato.*

ÜBERNACHTEN

Agriturismo Il Golfo dei Poeti

13 gemütliche Wohnungen für zwei bis sechs Personen in alten Steinhäusern mit Pool am Stadtrand im Grünen überm Golf. *Fattorie Bedogni-von Berger, Via Proffiano 34, Tel. 01 87 71 10 53, www.agriturismogolfodeipoeti.com,* €–€€

AM ABEND

Am frühen Abend geht man zum Aperitif in eines der Lokale im angesagten Viertel ★ Prione, z. B. ins *La Suprema (Piazza Agostino)* oder ins *Backstage (Via Goberti, Ecke Piazza Bastione).*

AUSKUNFT

Viale Mazzini 45, Tel. 01 87 77 09 00, Fax 01 87 77 09 08, www.aptcinqueterre.sp.it

ZIELE IN DER UMGEBUNG

Lerici und Naturpark Montemarcello [121 E5]

Das lebendige Ferienstädtchen (12 000 Ew.) – teuer, hübsch, gepflegt und sehr beliebt – liegt etwa 10 km von La Spezia entfernt an der Ostflanke des Golfs von La Spezia an einem Küstenabschnitt, der im 19. Jh. zu einem Mekka der Dichter und Künstler wurde: In einer dieser Buchten, im 2 km entfernten San Terenzo, lebte 1822 der englische Dichter Lord Byron mit seinem Kollegen Percy Shelley, der dort im Meer ertrank. Der Dichterkollege John Keats kam auch dazu, später dann Schriftsteller wie D. H. Lawrence, in jüngeren Tagen Eugenio Montale und Pier Paolo Pasolini, und sie alle dichteten vom Zauber dieser Küste inspirierte Verse.

Zu den Sehenswürdigkeiten von Lerici zählt das hochinteressante *Museo Geopaleontologico* im Kastell von Lerici (s. Kapitel Mit Kindern reisen). Es zeigt Spuren aus der Urzeit am Golf, mit Dinosauriernachbildungen und Erdbebensimulationen. Sehenswert ist auch die gotische Burgkapelle *Sant'Anastasio.*

Ein Hotel mit Traumblick auf den Golf ist das *Doria Park Hotel (51 Zi., Via Doria 2, Tel. 01 87 96 71 24, Fax 01 87 96 64 59, www.doriaparkhotel.com, €€).* Zum Essen können Sie wählen zwischen dem gepflegten *Il Frantoio (Mo geschl., Via Cavour 21, Tel. 01 87 96 41 74, €€)* oder dem von Slow Food empfohlenen Imbiss- und Gastronomieladen *Bontà Nascoste (Di geschl., Via Cavour 52, Tel. 01 87 96 55 00, €–€€)* in derselben Straße.

In San Terenzo tut sich mit der *Villa Marigola* ein schöner Park auf, der einen typischen italienischen Garten vorzuweisen hat. Kultivierte Idyllen, die die Ostküste des Golfs der Dichter malerisch beenden, bevor er zur rauen, unbewohnbaren Steilküste wird, sind die herrlich zwischen schwarzen Klippen und feinsandigen Stränden gelegenen Orte Tellaro und Fiascherino. Insider Tipp In Tellaro kann man im *Miramare (22 Zi., Via Fiascherino 22, Tel. 01 87 96 75 89, Fax 01 87 96 65 34, €–€€)* absteigen und gut speisen.

Im Rücken von Tellaro geht es hinauf auf das Kalksteinmassiv des *Naturparks Montemarcello,* der sich zwischen dem Golf von La Spezia und der Flussmündung des Magra ins Meer vorschiebt. In dieser wild bewegten Berglandschaft voller Wälder finden sich zahlreiche markierte Wanderwege, die eine erfrischende Alternative zu den im Hochsommer heißen, überfüllten Stränden darstellen. Jenseits des Naturparks liegt am Fluss Magra *Ameglia,* bei den Vips Liguriens bekannt wegen seines Spitzenrestaurants *Locanda delle Tamerici (Di Mittag und Mo geschl., Via Litoranea 116, Ortsteil Fiumaretta, Tel. 018 76 42 62, €€€)* mit sieben gemütlichen Zimmern und kleinem Privatstrand.

Luni **[121 E–F6]**

Eine in der Versandung der Mündungslandschaft des Magra versunkene Stadt. Kaum zu glauben, denn sie war groß, wohlhabend, von einer festen Stadtmauer eingefasst und für die Römer, die sie 177 v. Chr. hier direkt am Meer erbaut hatten, ein bedeutender Hafen ihres Imperiums. Im 11./12. Jh. mussten ihre Bewohner sie wegen Malaria und Versumpfung endgültig aufgeben. Heute liegen die Ruinenreste 4 km landeinwärts, so weit hat sich die Küstenlinie vorgeschoben. Wer sich für die Vergangenheit

Portovenere: romantisches Städtchen für Jung- und Altverliebte

interessiert, dem sei ein Besuch der *Ausgrabungsstätte* von Luni und des sehenswerten *Museo Archeologico Nazionale* sehr empfohlen *(Di–So 8.30–19.30 Uhr, Amphitheater bis 2 Std. vor Sonnenuntergang)*. Zeugen einer noch weiter zurückliegenden Vergangenheit dieser Gegend sind die berühmten Lunigianastelen, ein Teil steht im Museum von La Spezia, weitere Stelen, die höher im Apennin gefunden worden sind, können im 45 km im Landesinneren gelegenen *Pontremoli* bestaunt werden. Dort gibt es im Castello del Piagnaro das *Museo Archeologico della Lunigiana (Di–So 9–12 und 14 bis 17 Uhr, im Sommer 16–19 Uhr)*.

Bis heute ist die Bedeutung der Stelen nicht geklärt. Sicher ist sich die Wissenschaft lediglich, dass die Stelen rund 5000 Jahre alt sein müssen. Sie stellen Männer und Frauen dar. Manchmal sind richtige Gesichter mit Nase, Ohren und Augen zu erkennen, die durch einen ebenfalls herausgearbeiteten Hals mit dem grob behauenen Restkörper verbunden sind. Andere wiederum sind eher plumpe Figuren.

Portovenere **[121 D6]**

Knapp 15 km südlich an der äußersten Spitze des Golfs von La Spezia liegt dieser zauberhafte Küstenort, mit seinen farbigen Fassaden, beschaulichen Gässchen und Treppendurchgängen vor bewegter Felslandschaft und Vegetation ein Platz für Romantiker und unendlich viele Ausflügler. Vom Vorplatz der gotischen Kirche *San Pietro* im typisch ligurischen Streifenstil hat man einen phantastischen Blick auf die Cinque Terre.

Reizvoll in altem Gemäuer ist ein nettes Hotel mit familiärer Atmosphäre untergebracht *(Locanda Genio, 8 Zi., Piazza Bastreri 8, Tel./Fax 01 87 79 06 11, €)*. Ein besonders komfortables, modernes Ferienhotel mit schönem Pool und eigenem Strand ist das *Royal Sporting (61 Zi., Via dell'Olivo 345, Tel. 01 87 79 03 26, Fax 01 87 77 77 07, www.royalsporting.com, €€€)*.

Mit ein paar Schritten hat man den Hafen erreicht. Von dort aus kann man zu den vorgelagerten Inseln *Palmaria* und den kleinen *Tino* und *Tinetto* übersetzen *(Infos im IAT, Piazza Bastreri 1, Tel. 01 87 79 06 91, www.portovenere.it)*. Die beiden Letzteren waren lange militärisches Sperrgebiet und sind heute exklusive Naturparadiese. Den Inbegriff der Romantik bietet ein kleines Gasthaus auf Palmaria mit sorgfältiger Küche *(Mi geschl.)*, eigenem Bootsservice und sieben einfachen Zimmern: Insider Tipp *Locanda Lorena (Tel. 01 87 79 23 70, Fax 01 87 79 23 79, www.locandalorena.it, €)*.

Sarzana **[121 E5]**

Als die Bewohner der uralten Hafenstadt Luni im 11. Jh. wegen Malaria und Versandung ihre Stadt aufgeben mussten, landete ein Teil von ihnen in Sarzana (20 000 Ew., 10 km östlich von La Spezia) und machte aus dem Ort einen bedeutenden Bischofssitz. Im hübschen Altstadtkern zeugt die besonders schöne *Kathedrale dell'Assunta* von 1204 davon. Gemütliches Osteriaflair mit Marmortheke und Schmackhaftes schon mit toskanischem Einfluss bietet *La Giara (Mi-Mittag, Mo und Di geschl., Via Bertoloni 35, Tel. 01 87 62 40 13, €)* im Zentrum.

SANTA MARGHERITA LIGURE

[119 D5] Im wohl edelsten Yachthafen an der Riviera liegen prachtvolle, hochseetaugliche Motor- und Segelyachten unter exotischen Flaggen vor Anker. Dass Santa Margherita – einstmals ein Fischerort – zu den seit eh und je beliebtesten ligurischen Ferienorten zählt, zeigen auch die vielen schönen alten Hotels aus der Wende zum 20. Jh. und heute die vielen feinen Modeboutiquen. Alles ist ein bisschen teurer als anderswo – besonders das Essen und Trinken. Aber auch manches Strandbad, besonders wenn es so schön liegt wie in der zauberhaften Bucht von *Paraggi*, an der man auf dem Weg über die atemraubende Küstenstraße von Santa Margherita nach Portofino vorbeikommt. Im Sommer weiß man allerdings nicht, wo man das Auto auf der engen Straße lassen soll; Busse fahren die Strecke nach Portofino mehrmals täglich ab.

Santa Margherita (10 000 Ew.) hat eigentlich nichts Malerisches, vielmehr strömt der Ort urban-mondänes Flair aus, man bummelt, trifft sich, in den Lounges der alten Luxusherbergen wird Bridge gespielt, in den American Bars am Lungomare schlürft man seine Cocktails.

Aber keine Sorge, Santa Margherita ist trotz allem auch für den »normalen« Urlauber das richtige Ziel, neben den luxuriösen Villenhotels gibt es jede Menge netter Ferienhotels und Pensionen mit von weißem Schnörkelgitter gesäumten Sonnenterrassen. Und nicht nur die

Neben den luxuriösen Villenhotels gibt es auch preiswertere Adressen

feinen Sportsegler legen hier an, sondern immer noch laufen auch Fischerboote ein und beliefern den Fischmarkt, der montags bis freitags um 17 Uhr am Hafen seine Stände öffnet. Und in keinem anderen Ort der Umgebung ist am Abend für junge Leute so viel los wie hier: Auf der zentralen *Piazza Martiri della Libertà* und in ihren anliegenden Lokalen trifft sich die gesamte schicke Jugend der Küste.

SEHENSWERTES

Insider Tipp

Parco Flauto Magico

Der berühmte Genueser Bühnenbildner und Illustrator Emanuele Luzzati hat die Parkanlage *Parco Carmagnola,* inspiriert durch Mozarts Zauberflöte, in einen Traumgarten für Kinder (und Erwachsene) umgestaltet: Zwischen Palmen, Eukalyptus und unter Schirmpinien beleben ihn phantasievolle poetische Konstruktionen, die zugleich Kletter- und Spielgeräte sind. *Corso Rainusso*

Villa Durazzo

In dieser hoch gelegenen, üppigen Parkanlage, halb italienischer Garten, halb englischer Park, lässt es sich herrlich Luft schnappen. Eine zauberhafte Barockvilla von 1560 mit wertvoller Innenausstattung gehört dazu, man kann sie besichtigen, am Wochenende finden manchmal Konzerte statt. *Tgl. 9.30–16.30, Juni bis Sept. 9.30–13.30 Uhr, www.villadurazzo.it, Via San Francesco d'Assisi 3*

ESSEN & TRINKEN

Da Beppe

Alteingesessenes Fischlokal, eine Spezialität sind frischer Fisch in grüner Kräutersauce *verde antico. Di geschl., Via T. Bottaro 29, Tel. 01 85 28 65 16,* €€–€€€

Caffé Pestarino
Der Tipp für das leichte Mittagsmahl, denn da hat das beliebte Café in der Fußgängerzone sorgfältige Gerichte zu bieten wie hauchdünne Lasagne mit Pesto, danach köstliche Desserts und den besten Espresso. *Di geschl., Via Palestro 20, Tel. 01 85 28 70 61, €–€€*

Da Pezzi
Hier mitten im Zentrum gibt es eine Rarität: ordentliche ligurische Hausmannskost zu günstigen Preisen. *Sa geschl., Via Cavour 21, Tel. 01 85 28 53 03, €*

ÜBERNACHTEN

Azienda Agrituristica Gnocchi
Wie wäre es mit Ferien auf dem Bauernhof am mondänsten Flecken der Riviera? Herrlich in üppiger Vegetation oberhalb von Santa Margherita gelegen, doch nur 30 Minuten Fußweg zum Strand. Neun Zimmer und gutes Essen. *San Lorenzo della Costa, Via Romana 53, Tel./Fax 01 85 28 34 31, roberto.gnocchi@tin.it, €€*

Imperiale Palace Hotel
In dem Hotel über der Bucht von Santa Margherita wurden 1922 die Verträge von Rapallo zwischen Deutschland, Italien und anderen Staaten geschlossen. Heute genügt es selbst luxuriösesten Ansprüchen. *86 Zi., Via Pagana 19, Tel. 01 85 28 89 91, Fax 01 85 28 42 23, www.hotelimperiale.com, €€€*

Minerva
Modernes, angenehmes Ambiente, blumenreicher Garten, zentral, aber ruhig gelegen. *35 Zi., Via Maragliano 34, Tel. 01 85 28 60 73, Fax 01 85 28 16 97, www.hminerva.it, €€*

AM ABEND

Le Carillon
Tagsüber Strandbad am feinen Strand Paraggi, abends Restaurant und Nachtlokal mit Disko; ein schicker, exklusiver Dauerbrenner.

Covo di Nord Est
Phantastisch gelegen, exponiert auf den Klippen zwischen Santa Margherita und Portofino, Diskothek, Livekonzerte und immer viel los. Allabendlich pflastern die Autos die Küstenstraße zu, viele kommen zu Fuß.

Gelateria Centrale
Bis tief in die Nacht hinein gibt es hier köstliches Eis, vor allem *pinguino,* kaltes Vanilleeis im Waffelhörnchen, in heiße Schokolade getaucht. *Largo Giusti*

Piazza Martiri della Libertà
Alljährlich brummt es hier, in all den Lokalen an der Piazza am Lungomare zur Happy Hour und darüber hinaus.

AUSKUNFT

Via XXV Aprile 2b, Tel. 01 85 28 74 85, Fax 01 85 28 30 34, www.apttigullio.liguria.it

ZIELE IN DER UMGEBUNG

Portofino **[119 D5]**
★ 5 km hinter Santa Margherita Ligure an der Spitze der Halbinsel liegt das weltberühmte Fischerdorf. Idyllisch schmiegen sich die schmalen, bunten Häuser – heute feine

Ferienapartments – in die natürliche, tief eingeschnittene Bucht im Schutz der bewaldeten Ausläufer der Halbinsel von Portofino.

Weil der Autoverkehr völlig verboten ist, kann der reizvolle Ort (600 Ew.) seinen Zauber bewahren. Die Autos verschwinden für teure Gebühr im Parkhaus am Ortseingang. Von Santa Margherita gelangt man mit dem regelmäßig verkehrenden, preiswerten Autobus in den Ort, oder man nimmt das Fährboot.

Der Name Portofino geht auf die Römer zurück, die hier schon mit ihren Booten anlegten und die Bucht *Portus Delphini,* Delfinhafen, nannten. Heute gehen in der Hafenbucht phantastische Motor- und Segelyachten vor Anker. Schauliegen nennt man das, und beim Gucken sucht man unter den edlen Schiffen nach einer Wally-Yacht, dem derzeit weltweit ultimativen Segelyachtmodell, puristisch, sportlich, cool. Der Italiener Luca Bassani, mit Wohnsitz in Monaco und Portofino, ist Schöpfer dieser Kultyacht. Ansonsten warten auf die betuchten Yachteigner und Vips – zu denen auch Silvio Berlusconi gehört, Medienzar, Italiens reichster Mann und Exministerpräsident, der hier eine Villa sein Eigen nennt – genauso wie auf den normalen Tagesbesucher schicke Boutiquen, Juwelierläden und Cocktailbars längs der Uferpromenade: Portofino ist mondän – und das heißt extrem kostspielig. Sehenswert ist das Luxushotel *Splendido,* mit seinem Pool, seinem Park und dem weiten Blick über die Bucht eines der schönsten Hotels der Welt *(75 Zi., Tel. 01 85 26 78 01, Fax 01 85 26 78 06, www.splendido.*

Im Hafen des exklusiven Portofino geht der zahlungskräftige Jetset vor Anker

orient-express.com, €€€*).* Auch das zauberhafte *Splendido Mare (16 Zi., Tel. 01 85 26 78 02, Fax 01 85 26 78 07,* €€€*)* unten im Herzen Portofinos gehört mit seinem Restaurant *Chuflay* (€€€) in strategischer Lage an der Piazzetta dazu. Das Chuflay beginnt morgens mit Cappuccino, bietet nachmittags Tee und Kuchen und bis 1 Uhr nachts Cocktails und Pianomusik, alles auf hohem Niveau: eine teure, aber wenigstens gute Alternative zu den anderen teuren Lokalen.

Zum Besuch Portofinos gehört ein Spaziergang hinauf auf den Bergrücken mit der Kirche San Giorgio und dem gleichnamigen Kastell. Der Weg garantiert herrliche Blicke aufs Meer und auf die Miniaturhafenbucht von Portofino. Wer weiter möchte, läuft bis zum Leuchtturm an der Landspitze Punta di Portofino.

Die mit einer nahezu tropisch-mediterranen Vegetation bedeckte Halbinsel von Portofino ist zusammen mit ihrem Meeresgrund unter strengen Naturschutz gestellt worden; so darf man zum Beispiel nicht mehr in der wunderschönen Bucht *Cala d'Oro* zum Baden vor Anker gehen. Dafür lädt die Halbinsel zu herrlichen Wandertouren mit spektakulären Ausblicken ein, etwa über den Kamm nach San Fruttuoso (Markierung: zwei rote Punkte, 1 Std. 30 Min.). Informationen und Wanderkarten bekommen Sie in der *Touristeninformation (Via Roma 35, Tel./Fax 01 85 26 90 24).*

Rapallo **[120 B4]**

Auch das unmittelbar an Santa Margherita anschließende Rapallo war einmal eine sehr mondäne Sommerfrische. Ein paar alte Hotels deuten das noch an. Doch das größte Zentrum (29 000 Ew.) am Golfo del Tigullio hat seinen Reiz weit gehend verloren. In den Sechzigerjahren setzte ein, was man seither in Italien *rapallizzazione* nennt: die zügellose Verstädterung und Zersiedelung eines in der Belle Époque wunderschönen Seebads. In zahlreichen Apartmenthäusern und Pensionen überwintern hier Pensionäre und Rentner. Immerhin: Ein schöner Stadtpark und gepflegte Uferpromenaden laden zum Flanieren ein, vorbei an hübschen Häuserfassaden und Cafés. Eines der stattlichen alten Luxushotels der Jahrhundertwende ist das herrlich gelegene *Excelsior Palace (131 Zi., Via San Michele Pagano 8, Tel. 01 85 23 06 66, Fax 01 85 23 02 14, www.excelsiorpalace.thi.it,* €€€*)* mit allem modernen Komfort sowie Wellness- und Fitnessanlagen. Für kleinere Geldbörsen: *Hotel Bandoni (18 Zi., Via Marsala 24, Tel. 018 55 04 23, Fax 018 55 72 06,* €*)* mit Seeblick. In den Geschichtsbüchern taucht der Name Rapallo auf als der Ort, an dem man sich in den Zwanzigerjahren des 20. Jhs. zu ersten Friedens- und Reparationsverhandlungen zwischen Russland und Deutschland nach dem Ersten Weltkrieg traf.

Am Ortsrand Richtung Süden gibt es einen idyllischen *18-Loch-Golfplatz (Ortsteil Sant'Anna, Tel. 01 85 26 17 77),* auf dem sich zudem die Ruine einer Zisterzienserabtei aus dem 12./13. Jh. versteckt. Einstiger Zeitvertreib der Fischersfrauen von Portofino und Rapallo war das Spitzenklöppeln, nunmehr im sehenswerten *Museo del Merletto (Di, Mi, Fr, Sa 15–18, Do 10–11.30 Uhr)* zu bewundern, in der Villa Tigullio im Stadtpark Parco Casale. Ein origineller Speisetipp oberhalb von Rapallo (3 km) in San Massimo: Insider Tipp *U Giancu (Mi und Mo–Fr mittags geschl., Via San Massimo 78, Tel. 01 85 26 05 05, €€)*, voller Comics, mit bunter Terrasse und gutem Essen. Zu den Sehenswürdigkeiten zählt die Wallfahrtskirche *Santuario della Madonna di Montallegro* (11 km nördlich), die auch mit der Seilbahn zu erreichen ist, mit einer anrührenden Exvotosammlung. *www.comune.rapallo.ge.it*

San Fruttuoso **[119 D5]**

★ Von Rapallo, Santa Margherita Ligure, Camogli und Portofino aus kann man diese im 11. Jh. erbaute Abtei per Schiff oder zu Fuß erreichen. Wer gut zu Fuß ist, sollte das unbedingt machen, die Insider Tipp Pfade durch immergrüne Macchia hoch überm Meer gehören zum Schönsten, was man hier erleben kann.

Das Kloster, im Sommer stimmungsvoller Schauplatz von Konzerten, liegt malerisch in einer Felsenbucht an der Spitze der Halbinsel von Portofino. Der Komplex wurde um die erste Jahrtausendwende von Benediktinern gegründet, entsprechend gehen viele Stilelemente der Klosterkirche auf die frühe Romanik zurück. Ein Kreuzgang gehört dazu sowie die Krypta, in der mehrere Mitglieder der in Ligurien allgegenwärtigen Doria-Familie begraben liegen.

Die Klosteranlage gehört heute dem FAI, einer Art National-Trust-Organisation, die mit Hilfe von Spendengeldern bedrohte Bauwerke aufkauft und restauriert, mit der Auflage, sie dem Publikum zugänglich zu machen. Das kommt in den Sommermonaten sehr zahlreich, die kleine Bucht ist dann übervoll, und in den paar (teuren) Trattorien drängelt es sich – versuchen Sie auch hier, nicht gerade am Wochenende oder in der Hochsaison herzukommen. Ein Tipp: Nicht in der ersten, immer überfüllten Bucht unterhalb des Klosters bleiben, sondern ein paar Schritte weiter in die zweite, kleinere und sehr viel abgeschiedenere Bucht ausweichen; hier auch die nette Einkehr *La Cantina.* Auf dem Meeresgrund vor der Bucht steht eine Christusstatue, der am letzten Julisonntag die Taucher ihre Ehre erweisen.

Glamour in Ligurien

Portofino war jahrzehntelang ein Hideaway der Schönen und Reichen

Die winzige Fischerbucht von Portofino war in den Fünfziger- und Sechzigerjahren das Flaniertrottoir der Glamourgrößen Hollywoods: Alle kamen sie, von Ava Gardner und Humphrey Bogart bis Liz Taylor und Greta Garbo. Heute kommen George Clooney, Kylie Minogue und Naomi Campbell. Die reichen Gäste von einst waren Reeder Aristoteles Onassis und Fiatboss Gianni Agnelli, heute heißen sie Bill Gates und Silvio Berlusconi.

Fünf Klippendörfer, die verzaubern

Wer zum Erhalt dieses bedrohten Paradieses beitragen will, übernimmt die Patenschaft für einen Weinberg

An Stoßtagen sind es Zehntausende, die sich durch die engen Gässchen schieben, und auf den Wanderwegen, die die Dörfer miteinander verbinden, kommt es zu regelrechten Fußgängerstaus. Die Höhepunkte des Massenansturms werden um Ostern, an den Wochenenden und in den Sommerferien erreicht. Besucher von überall kommen hierher, neben viel Amerikanisch hören Sie jede Menge andere Sprachen, denn der Küstenabschnitt der Cinque Terre, der »Fünf-Länder-Küste«, zählt zum Schönsten, was Italien zu bieten hat.

Tatsächlich ist man zu Fuß am besten dran. Keine Straße verbindet die Dörfer, wohl aber Wanderwege. Und mit der Bahn, die sich durch die Berge bohrt, erreicht man jedes der fünf Dörfer (zusammen ca. 5000 Ew.). Ein paar zahlungspflichtige, in der Hochsaison (Ostern, Sommer, Wochenende) übervolle Parkplätze liegen vor den Ortseingängen.

Beim Anblick der schroff ins Meer fallenden Felswände, vom Boot oder vom Klippenweg aus, fragt man sich verwundert, warum

In Monterosso machen die Berge Platz für einen richtigen Sandstrand

Auf der Via dell'Amore – Lektion 1: der Kuss

Menschen ausgerechnet hier ihre Dörfer gegründet haben. Schon zur Römerzeit siedelten sie auf den Klippen, denn immerhin bot die Unzugänglichkeit auch Schutz. Und im Lauf der Jahrhunderte entstand unter schwierigsten Bedingungen diese einzigartige Terrassenlandschaft: Insgesamt sollen es rund 8000 km Steinmäuerchen sein, die sich über eine Steilküste verteilen, die selbst nur 10 km lang ist. Diese *muretti,* aus Steinen *a secco,* also ohne Mörtel, geschichtet, stützen auf den steilen Hängen Erdterrasse um Erdterrasse ab, für Rebstöcke, Getreide, Gemüse und Olivenbäumchen. Dieses Raster der Terrassenzeilen, das dem Auf und Ab der Steilhänge folgt – ein einmaliges landschaftliches Kunstwerk –,

Die Burgruine trennt die Fischersiedlung Monterosso vom Badeort Fegina

ist 1997 ins Welterbe der Unesco aufgenommen worden.

Doch die Steinmäuerchen sind vom Verfall bedroht: Mangels Pflege drohen sie einzubrechen. Den Rest geben ihnen wühlende Wildschweine und die heftigen winterlichen Regengüsse, die immer häufiger Ligurien heimsuchen. 1999 wurde der Nationalpark Cinque Terre eingerichtet, der diese einzigartige Landschaft unter Schutz stellt. Zu den Hauptaufgaben des Parks gehört die Förderung einer Lokalökonomie, die die Erhaltung dieser spezifischen Landschaft zu ihrer Stärke macht.

SEHENSWERTES

Corniglia **[123 D4]**
Das kleinste der fünf Dörfer liegt hoch oben auf einem Felsen über dem Meer. Da es am mühsamsten zu erreichen ist, über die gewundene Bergstraße (wenige Parkplätze) oder mit der Bahn (vom Bahnhof Shuttlebus oder eine Treppe aus ziemlich vielen Stufen), bleibt es vom Ansturm der Tagesausflügler halbwegs verschont.

Madonna di Soviore **[122 B1]**
Im Grün der bewaldeten Anhöhen oberhalb der fünf Dörfer liegen verstreut fünf Wallfahrtskirchen, die eindrucksvollste ist dieses romanisch-gotische Madonnenheiligtum, das man von Monterosso auf einer schönen Wanderung von ca. 3 km erreicht. Man kann in 50 einfachen Zimmern *(Tel. 01 87 81 73 85, Fax 01 87 81 70 97, www.soviore.org, €)* übernachten und sich im großen *Ausflugslokal* *(Di geschl.)* schmackhaft stärken. Insider Tipp

Manarola **[123 E5]**
Von Corniglia aus sieht man Manarola mit seinen hübschen farbigen

Häusern 3 km südöstlich an der Klippenküste liegen, malerisch eingeschachtelt in eine Felsbucht, die zu einer Piazzetta voller Cafés und Restaurants oberhalb des kleinen Hafens ausläuft: Die Boote werden mit dem Kran nach oben auf die Piazzetta gehievt.

Monterosso al Mare **[122 A–B2]**
Das größte der Cinque-Terre-Dörfer (1500 Ew.) hat fast urbanen Charakter und besitzt die meisten Hotels und Restaurants. Der Ort besteht aus zwei Teilen, dem älteren Fischerort Monterosso und dem jüngeren Stadtteil Fegina; vor ihnen erstreckt sich der einzige richtige Sandstrand der Cinque-Terre-Küste. Monterosso hat eine sehenswerte romanisch-gotische Pfarrkirche, *San Giovanni Battista,* mit der für Ligurien typischen gestreiften Fassade.

Riomaggiore **[123 F5–6]**
Der südöstlichste Ort ist besonders eng eingeklemmt zwischen zwei Felsfalten, die Häuser ziehen sich vom Meer steil und eng die Felsen hinauf, eine Schneise schlägt die Hauptachse Via Colombo mit ihren kleinen Läden und Bars, die hinunter an die winzige Hafenrampe führt. Der Ort zieht sich so hoch hinauf, dass vom Bahnhof aus ein Aufzug in den oberen Ortsteil hinaufhilft. Hier hat man vom *Belvedere* auf den Resten der Burg eine tolle Aussicht. Am oberen Ortsrand steht ein großes, hässliches Parkhaus.

Vernazza **[122 C3]**
★ Vernazza gilt als das schönste der fünf Dörfer und ist entsprechend beliebt und überlaufen. Die schmalen, hohen Häuser in allen möglichen Rot- und Rosaschattierungen, dazwischen hellgraue und gelbe Fassaden, gruppieren sich malerisch um die Piazzetta der kleinen, sanft ins Meer abfallenden Hafenbucht und ziehen sich eng verschachtelt eine felsige Halbinsel hinauf. An der Hafenpiazzetta steht die Pfarrkirche *Santa Margherita.*

ESSEN & TRINKEN

A Cantina de Mananan
Auf der Schiefertafel stehen die frischen, richtig guten Tagesgerichte

MARCO POLO Highlights »Cinque Terre«

★ **Bootsfahrten**
Das terrassierte Küstenrelief sieht man am besten vom Meer aus (Seite 74)

★ **Vernazza**
Von den fünf Dörfern ist das verschachtelte Vernazza das fotogenste (Seite 71)

★ **Küstenwanderung**
Zum schönen Wanderweg zwischen den Dörfern gehört die Via de l'Amore (Seite 74)

★ **Sandstrand von Monterosso**
Ein richtiger Sandstrand: eine Seltenheit an der Levante (Seite 74)

Ligurische Mare-e-Monti-Küche bei Gianni Franzi: Tintenfisch mit Steinpilzen

dieser kleinen, gemütlichen Osteria an der zentralen Ortsgasse von Corniglia. Reservieren! *Di geschl., Corniglia, Via Fieschi 117, Tel. 01 87 82 11 66,* €–€€

Da Billy

Sympathische Trattoria in Manarola mit toller Aussichtsterrasse. *Do geschl., Manarola, Via Rollandi 122, Tel. 01 87 92 06 28,* €–€€

Cappun Magru

In *Groppo* oberhalb von Manarola: Gilt unter Kennern als die beste Speiseadresse der Cinque Terre, einfallsreiche Zubereitung ligurischer Spezialitäten. Sehr klein, reservieren! *Mi–Sa mittags sowie Mo und Di geschl., Groppo, Via Volastra 19, Tel. 01 87 92 05 63,* €€

Gambero Rosso

Neben dem Cappun Magru die andere herausragende Speiseadresse der Cinque Terre. *Mo geschl., Vernazza, Piazza Marconi 7, Tel. 01 87 81 22 65,* €€€

Gianni Franzi

Traditionsreicher, beliebter Treffpunkt in Vernazza zum Essen mit herrlichem Blick; vermietet auch 22 nette Zimmer *(Tel. 01 87 82 10 03, Fax 01 87 81 22 28, www.giannifranzi.it). Mi geschl., Vernazza, Piazza Marconi, Tel. 01 87 81 22 28,* €€

EINKAUFEN

In den Gassen der Dörfer fehlt es nicht an Shoppingmöglichkeiten; in Önotheken und Gastroläden bekommen Sie neben Wein die kulinarischen Spezialitäten wie eingelegte Oliven, Olivenöl, den Pesto aus dem hier angebauten Basilikum, Honig, Zitronenmarmelade. In der *Pescheria I Pigia Ninte in Monte-*

rosso (Via Verdi 2) gibt es die in Salz eingelegten, besonders schmackhaften Sardellen von Monterosso. Wein direkt beim Erzeuger kaufen Sie z. B. bei der *Azienda Vinicola Walter de Batté (Via Trarcantu 25)* in Riomaggiore oder im Dörfchen Groppo oberhalb von Manarola bei der *Cooperativa Agricola Cinque Terre.*

Insider Tipp

ÜBERNACHTEN

Barbara
Mittendrin in Vernazza an der Hafenbucht neben der Kirche neun sehr ordentliche Zimmer, von einigen tolle Aussicht. *Piazza Marconi 50, Tel./Fax 01 87 81 23 98, www.albergobarbara.it,* €

Cà d'Andrean
Zehn helle Zimmer in einer restaurierten Ölmühle in Manarola. *Via Discovolo 101, Tel. 01 87 92 00 40, Fax 01 87 92 04 52, www.cadandrean.it,* €

Borgo di Campi
In den Weinbergen oberhalb von Riomaggiore (4 km) eine Gruppe von hübschen Ferienwohnungen in teils altem Gemäuer. *Tel. 01 87 76 01 11, Fax 01 87 76 07 14, www.borgodicampi.it,* €€

La Colonnina
Im alten Kern von Monterosso 19 renovierte Zimmer und ein lauschiger Garten zum guten Frühstück. *Via Zuecca 6, Tel. 01 87 81 74 39, Fax 01 87 81 77 88, www.lacolonninacinqueterre.it,* €€

Il Giardino Incantato
Vier romantische B-&-B-Zimmer in Monterosso mit lauschigem Frühstücksgarten. *Via Mazzini 18, Tel. 01 87 81 83 15, www.ilgiardinoincantato.net,* €€

Hostel 5Terre
Es gibt tatsächlich eine Jugendherberge in den Cinque Terre, in Manarola, noch dazu eine recht angenehme. Frühzeitige Reservierung ist unabdingbar. *48 Plätze in 4- bis 6-Bett-Zimmern, Via Riccobaldi 21, Tel. 01 87 92 02 15, Fax 01 87 92 02 18, www.cinqueterre.net/ostello,* €

Margherita
Neues Haus in Monterosso für alle, die auch hier schick und komfortabel wohnen möchten. *25 Zi., Via Roma 72, Tel. 01 87 80 80 02, Tel. 01 87 31 83 93, www.hotelmonterosso.it,* €€

Porto Roca
In *Monterosso:* atemraubende Lage über dem Meer in einem Zitrusgarten. Einen tollen Blick hat man vor allem aus dem dritten Stock. *42 Zi., Via Corone 1, Tel. 01 87 81 75 02, Fax 01 87 81 76 92, www.portoroca.it,* €€€

Zimmer und Ferienwohnungen
Fast alle Familien der Dörfer vermieten Zimmer (zwischen 60 und 120 Euro), man fragt direkt in Läden, Bars und Restaurants, bei den Touristenbüros an den fünf Bahnhöfen, oder man lädt sich Adressenlisten aus dem Internet. Bei der Wallfahrtskirche Santuario Montenero oberhalb Riomaggiores gibt es eine Art Hostel *(50 Schlafplätze, Tel. 01 87 76 05 28, Fax 01 87 76 21 45, www.manarlo.it, www.trekbike.it,* €*)* und 15 Landhäuschen mit Ferienwohnungen, ideal für Wanderer und Biker. Ein paar Anbieter mit besonders netten Wohnungen:

www.arpaiu.com, www.baranin.com, www.arbaspaa.com, www.arucca.com

FREIZEIT & SPORT

Bootsfahrten

★ Bootsfahrten die Küste entlang ermöglichen vom Meer aus eine tolle Sicht auf diese verwegene Küste und ihre terrassierten Anpflanzungen; die Fährboote pendeln im Sommer im Stundentakt zwischen Monterosso und Portovenere, sie legen an den kleinen Häfen an, einzig das hoch gelegene Corniglia ist ohne Anlegestelle.

Strände

Der bequemste ist der lange ★ Sandstrand von Monterosso, allerdings in der Hochsaison mit Badenden und Liegestühlen überfüllt. Gut zugänglich ist das Meer von den kleinen Hafenbuchten aus, Vernazza hat sogar einen winzigen Sandstrand am Hafen. Am schönsten ist die felsige Badebucht unterhalb von Corniglia, aber anstrengend über einen Treppenweg zu erreichen. Unterhalb der Bahntrasse bei Corniglia geht es in einen etwas unheimlichen, stillgelegten Bahntunnel (Einlass 5 Euro), fast 1 km lang, an dessen Ausgang man zwischen Olivenbäumen hinunter zum schattenlosen Kiesstrand *Guvano* gelangt. Größere Badestrände mit feinem Kieselsand haben die Nachbarorte Levanto und Bonassola, schnell und billig mit der Bahn zu erreichen.

Tauchen

Diese felsige Küste erfreut das Taucherherz: In Riomaggiore gibt es das *Diving Center 5 Terre (Via San Giacomo, www.5terrediving.com)*, im Dörfchen *Cadamare* zwischen Riomaggiore und Portovenere das *Diving Center Oasi Blu (Via della Marina, www.diving5terre.com)*.

Wanderungen

Wer in den Cinque Terre Urlaub macht, kommt vor allem auch zum Wandern. Überall sieht man Leute mit dicken Stiefeln und Rucksack, verschwitzt, aber glücklich. Sie kommen wahrscheinlich vom mehrtägigen *Wanderweg Nr. 1,* der von Levanto bis nach Portovenere dem Bergkamm oberhalb der Cinque-Terre-Küste folgt (ca. 40 km, s. Kapitel »Ausflüge & Touren«).

Gut an einem Tag ist die 12 km lange ★ Küstenwanderung zu schaffen, der wunderschöne *Wanderweg Nr. 2, sentiero azzurro* genannt, der längs der Küste die fünf Dörfer miteinander verbindet (kostenpflichtig, s. Kasten). Zwischen Manarola und Riomaggiore bildet ein ca. 25 Minuten langes Wegstück des *sentiero 2* die berühmte *Via dell'Amore,* den eigentlich wenig romantisch mit Geländern abgesicherten »Liebesweg« voller Herzschmerzgraffiti auf den gegen Steinschlag mit Beton befestigten Felsen.

Von Monterosso nach Levanto verläuft eine besonders schöne Wanderung (ca. 3,5 Std.) durch duftende Macchia mit herrlichen Ausblicken, so vom Küstenvorsprung *Punta Mesco.* Gönnen Sie sich hier eine Erfrischung auf der Panoramaterrasse des hübschen Hotels *La Giada del Mesco (www.lagiadadelmesco.it).* Insider Tipp

AUSKUNFT

Ganzjährig geöffnet sind die gut ausgestatteten Informationsstellen des Nationalparks *(www.parconazionale5terre.it)* in den Bahnhöfen aller fünf Dörfer. Der Hauptsitz der Parkverwaltung ist im Rathaus von Riomaggiore *(Tel. 01 87 76 00 00, Fax 01 87 76 06 61)*. Außerdem Informationen im Internet: *www.cinqueterre.it*, *www.5terre.de* und *www.aptcinqueterre.sp.it*

ZIELE IN DER UMGEBUNG

Bonassola **[120 B4]**

Man kann diesen abgeschieden in einer Bucht gelegenen, besonders hübschen und gepflegten Ort, dazu mit schönem Sandstrand, noch zum Einzugsgebiet der Cinque Terre zählen. Mit dem Zug gelangt man rasch hierher. Für einen leichten, frischen Imbiss in einem schönen alten Garten: Insider Tipp *Bar-Caffetteria Pensione Moderna (Juni–Sept. tgl., Tel. 01 87 81 36 62, €)*. Zum Wohnen: die charmante, wunderbar oberhalb von Bonassola gelegene *Villa Belvedere (24 Zi., Via Serra 33, Tel. 01 87 81 36 22, Fax 01 87 81 37 09, http://bonassolahotelvillabelvedere.com, €€)*.

Levanto **[120 B–C4]**

Levanto (6200 Ew.) liegt geschützt vor grüner Bergkulisse an einem kleinen Golf mit grauem Kieselstrand. Das sympathische Badestädtchen bezeichnet sich selbst als »Tor zu den Cinque Terre«. Hier finden Sie Gassen und Plätze, die zum Flanieren und Shoppen einladen, kurz: ein wenig städtisches Flair. Zur Aperitifstunde trifft man sich an der schönen Piazza Cavour im *Le Clarisse (Mo geschl.)*. Übernachten können Sie in der Innenstadt im kleinen Charmehotel *Villa Clelia (6 Zi., Piazza da Passano 1, Tel./Fax 01 87 80 81 95, www.villaclelia.it, €–€€)*. Auskunft: *Piazza Mazzini 12, Tel./Fax 01 87 80 81 25*

Cinque-Terre-Card

Umweltfreundlich, praktisch, preiswert: von Dorf zu Dorf mit der Eisenbahn

Im Cinque-Terre-Gebiet kann man bestens aufs Auto verzichten (Parken 12–20 Euro pro Tag), denn es gibt eine hervorragende und preiswerte Zugverbindung zwischen den Dörfern und darüber hinaus, nach Levanto und La Spezia. So kann man mit dem Zug in wenigen Minuten z. B. von Manarola zum Essen nach Vernazza fahren oder an den Strand nach Monterosso oder Levanto, ins Museum nach La Spezia, bis nach Mitternacht und ab dem Morgengrauen. Wer dieses Angebot häufig nutzen will, für den lohnt sich die Cinque-Terre-Card, die Sie an jedem der Bahnhöfe bekommen: *5,40 Euro/Tag, 13 Euro/3 Tage, 20,70 Euro/7 Tage*. Mit der Card können Sie auch den Küstenwanderweg Nr. 2 zwischen Monterosso und Riomaggiore (mit der Via dell'Amore) benutzen, der sonst 3 Euro kosten würde, und die kleinen Shuttlebusse von den Bahnhöfen in die Ortskerne.

fadini borghi
serra
pellicceria
PAM

Sie nennt sich mit Recht die Stolze

Die lebendige Hafenmetropole Liguriens mit verwinkelter Altstadt und prachtvollen Palazzi

Karte in der hinteren Umschlagklappe

Selbst schuld, wer Genua (ital.: Genova) bei seinem Urlaub an der italienischen Riviera nicht einen ausgedehnten Besuch abstattet! Ihm entgeht eine der reizvollsten Städte Europas, die sich noch dazu in einer Phase lebhaften Aufwindes befindet. Die Stadt hat ihre Chance genutzt und die vielen Gelder, die sie zu den Kolumbusfeiern 1992, dem Weltwirtschaftsgipfel 2001 und als europäische Kulturhauptstadt 2004 bekam, gut eingesetzt: zur Neugestaltung des alten Hafens, zur Sanierung ihrer riesigen Altstadt und zur Öffnung ihrer prunkvollen Barockpaläste und neuer Museen in alten Hafenanlagen. So hat sie sich in den letzten 15 Jahren von einem heruntergewirtschafteten Industriehafen zur lebendigen Kulturstadt gemausert.

650 000 Menschen leben die Hügelhänge hinauf, die höher gelegenen, bürgerlichen Wohnviertel erreicht man über Aufzüge, Serpentinen und Treppenaufgänge. Zum

In Genua sind es zur Abwechslung einmal nicht Palmen, sondern Arkadensäulen, die die Flaniermeilen säumen

Angesagt: die Weinbar Berto

Hafen hin erstreckt sich die berühmte ★ Altstadt, ein einzigartiges Labyrinth aus *carruggi* (Gassen) voller Getümmel, aus dunklen, schmuddeligen Ecken, aus Geschäften mit modernem Billigkram oder neuer, junger Raffinesse, aus Läden mit traditionellen Delikatessen und Handwerk. Viele Einwanderer aus Asien und Afrika sieht man, viele betreiben Imbissstuben und Marktstände. Die Gassen sind so eng, dass man den Kopf heben muss, um die Fassade einer Kirche, eines prachtvollen Palastes wahrzunehmen. Überall wird restauriert, und überall öffnen neue Lokale in den phantastischen Sälen und Gewölben der alten Palazzi.

Aus dem Dunkel der Gassen ins Licht zum Blick auf die Stadt, auf ihre schiefergrauen Dächer, die bunten Hafencontainer, die weißen Kreuzfahrtschiffe: Das muss einfach sein. Ob vom *Aussichtskran Bigo* im Porto Antico, dem Alten Hafen, vom historischen Leuchtturm *La Lanterna* oder von der mit dem Aufzug zu erreichenden Aussichtshöhe *Castelletto.* Einen wirklich superben Überblick über *La Superba,* die Stolze, wie sich Genua ob seiner glanzvollen Vergangenheit nennt, hat man von der Insider Tipp *Dachterrasse* des neuen Meeresmuseums Galata Museo del Mare im alten Hafengelände.

Zur stolzen, vor allem reichsten Stadt im Europa des 16./17. Jhs. machten sie die einflussreichen Genueser Familien, die Doria, Pallavicini, Spinola und viele mehr, durch Geldverleih, Gold- und Silberhandel, durch Schiffsbau und Flottenbetrieb. Der heutige Besucher steht staunend vor den überraschend vielen prachtvollen Palazzi jener Zeit, nunmehr Banken und Museen mit kostbaren Gemäldesammlungen.

Zum Abend, bevor die Ladenbesitzer um 19.30 Uhr ihre Rollläden runterrasseln lassen, gehört die Insider Tipp Einkehr in eine Bar zum Aperitif. Dazu biegen sich die Theken generös unter köstlichen Kleinigkeiten. So gestärkt kann die *movida,* der Zug durch die Altstadtlokale, beginnen. Und noch ist Genua vergleichsweise preiswert. Ein Tipp: Kommen Sie mit der Bahn, denn Parkplätze sind in der engen Stadt rar. **[118 B4]**

SEHENSWERTES

Commenda San Giovanni di Prè **[U B1–2]**

Dieser wunderschöne romanische Kirchen- und Klosterkomplex in den für Genua so typischen Farben Grau und Weiß unweit des Bahnhofs an der lebhaften Altstadtachse Via de Prè ist Johannes dem Täufer geweiht, dessen Asche (heute im Dom) hier einst aufbewahrt wurde.

Loggia dei Mercanti **[U C–D3]**

Genueser Händlergeist: An der lebhaften Altstadtgasse Via San Luca liegt die *Piazza dei Banchi,* ehemals der Platz der Geldwechsler, mit der Arkadenhalle Loggia dei Banchi oder dei Mercanti (16. Jh.), in die im 19. Jh. die erste Warenbörse Italiens einzog (heute Ausstellungshalle). Selbst die ockerrot gestreifte Kirche *San Pietro* (12./17. Jh.) steht auf einem Sockel aus Geschäften, und auch heute finden sich hier täglich Straßenhändler mit Gemüse und Krimskrams ein.

Palazzo Ducale **[U D3]**

Der einstige, sehr imposante Amtspalast des Dogen (seit 1339) ist heute das Kulturzentrum Genuas schlechthin und Ort bedeutender Kunstausstellungen. Hinzu kommen Cafés, Restaurants sowie Antiquitäten- und Buchläden. Man begann mit dem Bau im 14. Jh., seine prächtige klassizistische Fassade erhielt er im 18. Jh. *Bei Ausstellungen Di–So 9–21 Uhr, Piazza Matteotti, www.palazzoducale.genova.it*

Palazzo del Principe Doria Pamphili **[U A1]**

Die Herrscherresidenz, die sich der von Karl V. zum Fürsten über die Republik Genua erhobene Condottiere Andrea Doria errichten ließ, lag damals, im 16. Jh., in weiten Parkanlagen, die im 19. und 20. Jh. dem Bahnhof, Hafen- und Industriegeländen weichen mussten. Sorgfältig restauriert, erfreut der Palazzo mit kostbarer Innenausstattung. *Di–So 10–17 Uhr, Via San Benedetto 2*

Palazzo San Giorgio **[U C3]**
Im Mittelalter Sitz des Volksoberhauptes Capitano del Popolo, dann des Zollamtes, zog im 16. Jh. die berühmte Genueser Bank San Giorgio hier ein. In jener Zeit bekam er seine heutige Gestalt und die wunderschöne, kürzlich restaurierte Fassadenbemalung mit dem siegreichen Drachentöter Georg. Heute hat hier die Hafenbehörde ihren Sitz. *Via della Mercanzia 2*

Porto (Hafen)
Genuas Hafen kann man mit dem Boot besichtigen. Rundfahrten starten ca. alle 40 Minuten vom Pier des Aquariums *(* **[U C3]**, *Cooperativa Battellieri, Tel. 010 26 57 12, www.battellierigenova.it, www.alimar.ge.it)* im alten Hafenbecken *Porto Antico* aus. Hier legen auch die Boote für die Whalewatchingausflüge ab. Mit verschiedenen Gesellschaften gelangt man im Sommer über den Meeresweg nach Camogli, San Fruttuoso, Portofino und in andere Küstenorte. Die alte *Stazione Marittima* **[U A2]** (heute Ausstellungsraum) ist ein eindrucksvoller und schöner Säulenbau. Einen phantastischen Blick hat man von der ★ *Lanterna (* **[O]**, *Sa/So 10 bis 18 Uhr)*, dem 117 m hohen Leuchtturm aus dem 12./16. Jh. mit einer Leuchtweite von 27 Seemeilen. Man erreicht den Leuchtturm über einen Flanierweg; in den Festungsanlagen am Sockel befindet sich neuerdings ein ultramodernes *Museum zur Stadtgeschichte (Sa/So 10–18 Uhr)*.

MARCO POLO Highlights »Genua«

★ **Altstadt**
Das weitläufige Gassenlabyrinth der Altstadt steckt voller Entdeckungen (Seite 77)

★ **Mercato Orientale**
Die Genueser Markthalle ist ein einziger Augenschmaus (Seite 84)

★ **Lanterna**
Seit dem 13. Jh. das Wahrzeichen Genuas (Seite 79)

★ **Cimitero di Staglieno**
Die monumentale Totenstadt der reichen Bürger Genuas (Seite 85)

★ **Via Garibaldi**
Die prachtvollen Palazzi der alten Familien (Seite 81)

★ **Acquario**
Seit seiner Eröffnung in den Neunzigerjahren das Topziel im alten Hafen (Seite 99)

★ **San Lorenzo**
In der Schatzkammer des Doms wird der Heilige Gral gehütet (Seite 80)

★ **Galleria di Palazzo Reale**
Kunstvoll gelegtes Pflaster in den Hängegärten des Königlichen Palasts (Seite 81)

Porto Antico [U B–C3]

Ziel der Neugestaltung des alten Hafens anlässlich der Kolumbusfeiern 1992 war es, ihn als Tummelplatz und Freizeitgelände den Genuesern wieder zugänglich zu machen. So liegt am Pier *Ponte Spinola* heute eines der interessantesten Aquarien Europas (s. Kapitel Mit Kindern reisen). Daneben erhebt sich der *Bigo* aus dem Wasser, eine stilisierte Konstruktion der einstigen Verladekräne, mit *Panoramaaufzug (Jan.–Juni und Sept./Okt. tgl. 10 Uhr–Sonnenuntergang, Juli/Aug. tgl. außer Mo-Vormittag 10–23, Nov./Dez. Sa/So 10–17 Uhr)*. In den einstigen Hafengebäuden finden sich heute Ausstellungen zum Thema Meer, Hotels, Loungebars, Cafés, Läden, Kongresszentren, Kinos, ein schönes, kleines Schwimmbad, ein Festzelt und der mächtige, nachgebaute historische Schoner »Neptune« mit imposanter Galionsfigur.

San Lorenzo [U D3]

★ In der Lünette über dem Hauptportal sieht man den hl. Laurentius, dem der Dom geweiht ist, auf dem Rost, sein Martyrium: eine von vielen plastisch-anschaulich in Stein gemeißelten Geschichten an der Domfassade. Weitere Entdeckungen sind römische und byzantinische Reliefreste im Mauerwerk. In romanisch-gotischem Mischstil besticht der schwarzweiß gestreifte Bau außen wie innen. Blickfang im Innern ist die Johannes dem Täufer geweihte Marmorkapelle im linken Seitenschiff. Die englische Granate im rechten Seitenschiff landete 1941 während einer Bombardierung Genuas in der Kirche, explodierte wundersamerweise aber nicht. Unbedingt besuchenswert ist das reizvoll modern gestaltete *Domschatzmuseum (Museo del Tesoro di San Lorenzo, Mo–Sa 9–12 und 15–18 Uhr)*. Es hütet den sogenannten Heiligen Gral, eine sma-

Schwarzweiße Streifen prägen San Lorenzo von innen wie von außen

ragdgrüne, sechseckige Glasschale, die das Blut des Christus, den Wein des Abendmahls, enthalten haben soll. *Piazza San Lorenzo*

San Matteo **[U D3]**
Das romanisch-gotische Kirchlein (im Innern barock, seitlich ein Kreuzgang) liegt an einer beschaulichen Piazza mit imposanten Stadthäusern, alle in den typischen Farben Grau und Weiß. Das ganze Ensemble war einst das Wohnviertel der mächtigen Doria-Familie, der Doge Andrea liegt in der Krypta begraben. *Piazza San Matteo*

Santa Maria di Castello **[U C4]**
Der Stadtteil Castello im Südwesten der Altstadt erfreut sich in jüngster Zeit zunehmender Beliebtheit bei den Studenten. Besucher zieht es zum wunderschönen Klosterkomplex der Dominikaner, ursprünglich aus dem 5. Jh., dann romanisch, im 15. Jh. zusätzlich ausgeschmückt, mit einem sehenswerten *Konventmuseum (Mo–Sa 9–12 und 15.30 bis 18.30, So 15.30–18.30 Uhr). Salita Santa Maria di Castello*

Teatro Carlo Felice **[U D3]**
Das im Zweiten Weltkrieg zerstörte Opernhaus ist 1991 von Aldo Rossi hinter alten Fassadenresten hochmodern und mächtig neu erbaut worden. *Piazza De Ferrari*

Via Garibaldi **[U D2–3]**
★ Jede Hausnummer an dieser kurzen Straße (250 m) mitten im Zentrum steht für einen prachtvollen Renaissancepalazzo der steinreichen Bankiers- und Händlerfamilien des goldenen Zeitalters Genuas, des 16./17. Jhs. In viele kann man hineinschauen, denn sie sind heute Banken, Handelskammer, Museen mit wertvollen Gemäldesammlungen *(Palazzo Rosso, Nr. 18, Palazzo Bianco, Nr. 11)*, Rathaus *(Palazzo Tursi)*.

MUSEEN

Wollen Sie mehr als zwei Museen besuchen, lohnt sich die *Card Musei:* Sie kostet 16 Euro für 48 Stunden (20 Euro inkl. Benutzung öffentlicher Verkehrsmittel, lohnt nur für Fahrten nach Pegli und Nervi) und bietet Ermäßigung beim Aquarium, bei den Ausstellungen im Palazzo Ducale und bei vielen Provinzmuseen. *www.museigenova.it*

Acquario **[U C3]**
Der berühmte Meerwasserzoo im Alten Hafen mit Haien, Pinguinen etc. – s. Kapitel »Mit Kindern reisen«.

Galata Museo del Mare **[U C2–3]**
In alten Werftanlagen im Porto Antico ist das neue, moderne Museum zur Geschichte der Schifffahrt untergebracht, mit anschaulichen Szenen, Modellen, Filmausschnitten. Vergessen Sie nicht den Ausblick vom Dach! *Nov.–Feb. Di–Fr 10 bis 18, Sa/So 10–19.30, März–Okt. tgl. 10–19.30 Uhr, www.galatamuseodelmare.it, Calata de' Mari 1*

Galleria di Palazzo Reale **[U C2]**
★ In diesem monumentalen Palast mit schönen Hängegärten residierten die italienischen Könige während ihrer Genuaaufenthalte. Die zauberhafte Spiegelgalerie und kostbares Mobiliar zeigen den luxuriösen Lebensstil während des goldenen Zeitalters von Genua. *Di/Mi 9 bis 13.30, Do–So 9–19 Uhr, Via Balbi 10*

Galleria Nazionale di Palazzo Spinola **[U D3]**
Mitten im Gassengewirr der Altstadt erhebt sich der noble Wohnpalast der Familie Spinola, die ihn dem italienischen Staat schenkte, mitsamt der prachtvollen Einrichtung, großartiger Spiegelgalerie und der Gemäldesammlung, das Beste, was bei den Genueser und europäischen Künstlern des 17./18. Jhs. zu bekommen war. Ein Höhepunkt ist eine ergreifend traurige Christusdarstellung von Antonello da Messina. Von der kleinen Insider Tipp Dachterrasse aus hat man einen phantastischen Rundblick über die Dächer Genuas. *Di–Sa 8.30–19.30, So 13.30 bis 19.30 Uhr, Piazza Pellicceria 1*

Museo dell'Antartide **[U C3]**
Im alten Hafen eine Expeditionsdokumentation in die Antarktis. *Di–Fr 9.45–17.30, Sa/So 10–18 Uhr, Palazzina Millo, Porto Antico*

Museo Luzzati **[U C3]**
In alten Mauern des 16. Jhs. im Porto Antico wird das Werk Emanuele Luzzatis gezeigt, Sohn der Stadt und mit seinem phantasievollen, märchenhaften Stil Italiens berühmtester Bühnenbildner und Illustrator. *Di–Fr 9.30–17.30, Sa/So 10.30–18.30 Uhr, www.museoluzzati.it, Porta Siberia*

Musei di Strada Nuova (Palazzo Rosso, Palazzo Bianco, Palazzo Doria Tursi) **[U D2–3]**
Ein neu geordneter Museumskomplex aus drei alten Palazzi an der Prachtstraße Via Garibaldi: Dazu gehören die beiden berühmten Gemäldesammlungen (Dürer, Veronese, Zurbaran, Rubens, Van Dyck, Caravaggio u. a.) des Palazzo Rosso (Nr. 18) und des Palazzo Bianco (Nr. 11) sowie der neu zugänglich gemachte *piano nobile* des Rathauses, des wunderschönen Palazzo Doria Tursi, der nun mit dem benachbarten Palazzo Bianco verbunden ist. *Di–Fr 9–19, Sa/So 10–19 Uhr, www.stradanuova.it, Via Garibaldi*

ESSEN & TRINKEN

Noch finden sich in der Altstadt die traditionellen Imbissstuben, wo man die *focaccia* oder die *farinata* bekommt (z. B. *Antica Sciamadda* **[U C3]**, *Via San Giorgio 14 r*). Eine der letzten Insider Tipp *friggitorie,* wo man neben der *farinata* auch Gemüsetorten, Kutteleintopf und vieles mehr bekommt, ist die *Friggitoria Carega* (**[U C3]**, *Mo–Sa von frühmorgens bis 20 Uhr, Via Sottoripa 113 r, €*). Neu sind die zahlreichen orientalischen Imbissstuben, z. B. an der *Piazza dell'Amor Perfetto.*

Bakari **[U D3]**
Schönes Restaurant in einer Altstadtgasse mit viel Atmosphäre und sorgfältig zubereiteten Speisen. *Sa-Mittag, So und Mo geschl., Vico del Fieno 16 r, Tel. 01 02 47 61 70, €€*

Baldin **[O]**
Ein schönes Lokal, ein junger, engagierter Koch, eine moderne, einfallsreiche Küche: Das lohnt den Ausflug in den Vorort Sestri Ponente. *So/Mo geschl., Piazza Tazzoli 20 r, Tel. 01 06 53 14 00, www.ristorantebaldin.com, €€–€€€*

La Bitta della Pergola **[O]**
Wenn die Genueser exzellent speisen wollen, gehen sie in dieses elegante Lokal außerhalb der Altstadt.

So-Abend und Mo geschl., Via Casaregis 52 r, Tel. 010 58 85 43, €€€

Le Cantine Squarciafico [U C3]
Im säulengestützten Untergeschoss des Altstadtpalazzos Squarciafico beim Dom; lockeres, stimmungsvolles Ambiente, leichte Küche. *Tgl., Piazza Invrea 3 r, Tel. 01 02 47 08 23, www.squarciafico.it,* €–€€

Trattoria Franca [U D3]
Ein gemütliches, immer volles Traditionslokal in der Altstadt, beliebt wegen seiner guten Fischküche. *Mo geschl., Vico della Lepre 8, Tel. 01 02 47 44 73,* €€

Histoire Café Garibaldi [U D3]
Sie sitzen bei Kerzenlicht im säulengestützten Gewölbesaal eines Altstadtpalazzos, theatralisch-grandioser geht es kaum. Auch Loungebar und Livemusik. Ein Beispiel für die vielen neuen Lokale in der Altstadt. *Mo geschl., Via ai Quattro Canti di San Francesco 40, Tel. 01 02 47 08 47, www.garibaldicafe.it,* €€

Nuova Colombo [U C3] Insider Tipp
Unter den quirligen Arkadengängen am Weg zum Porto Antico die Bar mit den besten und am abwechslungsreichsten belegten Brötchen. *So geschl., Tel. 01 03 47 29 98, Via Sottoripa 31,* €

EINKAUFEN

An den größeren Straßen, die von der *Piazza De Ferrari* [U D3–4] abgehen – *Via XXV Aprile, Via XX Settembre, Via Roma* usw. –, liegt ein Geschäft neben dem anderen. Eine überdachte Einkaufsmeile ist die *Galleria Mazzini* [U D3]. In der Altstadt stößt man auf herrlich altmodische Läden, z. B. mit feiner Konfiserie *(Confetteria Romanengo, Via Soziglia 74 r,* [U D3]*)* und mit exotischen Gewürzen *(Drogheria Torrielli, Via San Bernardo 32 r,* [U D4]*)*. Eine tolle Auswahl an ligurischen Spezialitäten hat *La Tavola del Doge (Palazzo Ducale, Piazza Matteotti 80 r,* [U D3]*)*, glamouröse und witzige Designerstücke in grandiosen Sälen finden Sie bei *Via Garibaldi 12* [U D2–3] ebenda an der Prachtstra-

Bakari: stilvolles Ambiente für eine sorgfältige Küche in der Altstadt

ße. Und selbst markterfahrene Reisende kommen auf dem ★ *Mercato Orientale (Mo–Sa, Via XX Settembre/Via Galata* **[U E–F4]***)* ins Schwärmen – ein auch optisch wunderbarer Lebensmittelmarkt in den Mauern eines alten Klosters.

ÜBERNACHTEN

Colombo **[U D4]**
Kleines, verspieltes Hotel mit Dachterrasse mitten im Zentrum. *15 Zi., Via Porta Soprana 27, Tel./Fax 01 02 51 36 43, www.hotelcolombo.it,* €–€€

Bed & Breakfast Columbus Village
Vermittlung von Zimmern in der Innenstadt und Umgebung in allen Preisklassen (DZ 40–150 Euro). *Tel./Fax 01 03 77 39 72, www.columbusvillage.com*

Jolly Hotel Marina **[U C3]**
Gehobener Standard, tolle Lage auf dem Pier im Porto Antico! *140 Zi., Molo Ponte Calvi, Tel. 01 02 53 91, Fax 01 02 51 13 20, www.jollyhotels.it,* €€€

Metropoli **[U D3]**
Angenehmes Mittelklassehotel, zentral gelegen. *48 Zi., Piazza Fontane Marose, Tel. 01 02 46 88 88, Fax 01 02 46 86 86, www.bestwestern.it/metropoli_ge,* €€

Locanda di Palazzo Cicala **[U D3]**
In Domnähe (neben Cantine Squarciafico) herrliche Zimmersäle mit modernem Styling in einem alten Palazzo. *10 Zi., 5 Apartments, Piazza San Lorenzo 16, Tel. 01 02 51 88 24, Fax 01 02 46 74 14, www.palazzocicala.it,* €€€

AM ABEND

Altstadt **[U C–D3]** Insider Tipp
An schönen Abenden treffen sich die jungen Leute an der *Piazza delle Erbe* vor der Kneipe Berto oder an der *Piazza della Lepre.* Zum Aperitif geht man ins entzückende alte *Caffè degli Specchi (Salita Pollaiuoli 43 r)* oder ins moderne *Mentelocale* im

Auf Stelzen wird ein Großteil des Verkehrs am Hafen vorbeigeführt

Innenhof des Palazzo Ducale. Lokale, wo man auch spät noch etwas trinken kann, sind *La Madeleine (Vico della Maddalena 103 r)*, *Le Corbusier (Via San Donato 36–38 r)* oder das *H.O.P. Altrove* im obersten Stockwerk eines alten Palazzos an der *Piazzetta Cambiaso*. Treffpunkt der alteingesessenen Künstlerszene ist die *Ostaja di Banchi (Vico de' Negri 17 r)* zu starken Drinks und spätem Gitarrenspiel.

Im Sommer verlagert sich die Szene an die Küstenstraße Corso Italia mit Moonlightdiskos und Sundownerbars, besonders stimmungsvoll ist das *BBQ* unterhalb der Kirche von Boccadasse. Exzellente Website über die Szene, neue Lokale, Events und vieles mehr: Insider Tipp *www.mentelocale.it*

Theater

Ein sehr gutes Prosatheater ist das *Teatro della Tosse (Piazza Negri 2, Tel. 01 02 47 07 93, www.teatrodellatosse.it)*. Opernliebhaber gehen ins *Teatro Carlo Felice (Piazza De Ferrari, Tel. 010 58 93 29, www.carlofelice.it)*.

AUSKUNFT

Stazione Principe **[U B1]**, *Tel./Fax 01 02 46 26 33; Porto Antico* **[U C3]**, *Tel. 01 02 53 06 71; Infokiosk Piazza Matteotti am Palazzo Ducale* **[U D3–4]**; *Aereoporto Cristoforo Colombo* **[O]**; *www.aptgenova.eu*

ZIELE IN DER UMGEBUNG

Boccadasse **[118 B4]**

Eine Hand voll bunte Fischerhäuser um eine winzige Sandbucht am Meer liegt als malerischer Fremdkörper ins südöstliche Stadtgebiet eingebettet. Die Restaurants und Eiscafés platzen am Wochenende fast unter dem Ansturm der Genueser; unter der Woche wird es einsam und hochromantisch.

Casella **[118 B3]**

Ein Ausflugstipp: mit der kleinen Eisenbahn von der Piazza Manin **[U F2]** aus auf die Höhen oberhalb Genuas: schöne Aussichten, Rad- und Wandertouren. Räder kann man am Bahnhof von Casella mieten.

Cimitero di Staglieno **[118 B4]**

★ Eine regelrechte Totenstadt am nördlichen Stadtrand mit der schmachtend-naturalistischen Trauerbildhauerei des 19. Jhs. *Tgl. 7.30 bis 17 Uhr, Piazzale Resasco*

Festungsanlagen **[118 B4]**

Ein Dutzend teils gut erhaltener, herrlich gelegener Forts aus dem 16./17. Jh. sind über einen Wanderweg (drei bis vier Stunden) miteinander verbunden. Er beginnt beim Aussichtshügel *Righi*, den man mit der Standseilbahn vom *Largo della Zecca* **[U C–D2]** aus erreicht.

Madonna della Guardia **[118 A3]**

Auf dem Monte Figogna erhebt sich diese prunkvolle Wallfahrtsstätte, ddie bedeutendste Liguriens, mit sehenswerter Exvotosammlung. Insider Tipp

Nervi **[118 C4–5]**

Der schöne Vorort bietet einen wunderbaren Klippenspaziergang, gepflegte Parks mit interessanten Museen und das zauberhafte Villenhotel *Villa Pagoda (13 Zi., Via Capolungo 15, Tel. 01 03 72 61 61, Fax 010 32 32 00, www.villapagoda.it, €€€)*.

PIZZERIA
PIZZERIA
da Ely
ALBERGO
BAR
ENOTECA

Mit dem Auto und zu Fuß durch das unbekannte Liguren

Die Touren sind in der Karte auf dem hinteren Umschlag und im Reiseatlas ab Seite 114 grün markiert

1 IM ÄUSSERSTEN ZIPFEL DER PONENTE

In der westlichsten Ecke Liguriens vereinen sich die beiden Seelen der Ligurer: die eine vom weiten, blauen Meereshorizont geprägt, die andere vom kargen, steilen Fels des bergigen Hinterlands. Oder wie der ligurische Schriftsteller Nico Orengo schreibt: »Es gibt die Ligurer der Klippen, Levantiner und unzuverlässig, und die der Bergfelsen, streng und ernsthaft wie der Olivenbaum.« Die hier vorgeschlagene Route von 140 km eignet sich gut als Tagestour mit Mittagseinkehr. Sie beginnt bei den Badeorten San Remo oder Arma di Taggia und steigt über Taggia durch das schmale Tal Valle Argentina hinauf, vorbei an Olivenhainen, durch Kastanien-, Steineichen- und Lärchenwälder, durch wilde Felslandschaften. Nach Triora, dem Dorf der Hexen und Mühlen, geht es weiter hinauf nach Realdo und Verdeggia, dicht am Länderdreieck zu Frankreich und Piemont, Bergdörfer von stolzer Verschlossenheit und mit ganz eigenem Dialekt. Und wo man einst Schafen begegnete, in den Wäldern und auf den baumlosen Kuppenwiesen der Berge, trifft man heute auf Wanderer und Pilzsammler. Zurück geht es über Pigna und Dolceacqua nach Ventimiglia bzw. Bordighera, wo Sie wieder die Küste erreichen.

Monterosso: belebte und beliebte Station für Cinque-Terre-Wanderer

Von *San Remo (S. 40)* geht es die Küste entlang nach Arma di Taggia und dort landeinwärts auf der SS 548 ins Tal *Valle Argentina* – zunächst in den Ort *Taggia* mit sehenswertem mittelalterlichem Zentrum, der gotischen Klosteranlage San Domenico, der grandiosen mittelalterlichen Brücke aus 16 Bogen über den Bergfluss Argentina und der romanischen Kirche Madonna del Canneto. Nun steigt das Tal an, wird eng, lässt Blumenzucht und Oliven hinter sich und erreicht die alten, beschaulichen Dörfer Badalucco und *Montalto Ligure* (hier

Wie ein Adlerhorst klebt Apricale an der Bergflanke

in der Kirche San Giorgio Fresken aus dem 14. Jh.). Bei Badalucco im Ortsteil *Ravezza* gibt es im *Ca' Mea (Mo geschl., Tel. 01 84 40 81 73, €€)* in einer alten Ölmühle Lammbraten, Wild und köstliche Pilzgerichte. Ein Abstecher führt ins abgeschiedene, mittelalterliche *Carpasio.*

Abwechslungsreich, vorbei an Felswänden und offenen Wiesen, gelangen Sie dann nach *Molini di Triora,* einem sympathischen Bergort, wo die Bergbäche Argentina und Capriolo zusammenfließen und einst 27 Getreidemühlen in Gang hielten. Zur Einkehr mit Rotwein aus hiesigem Anbau und vor allem den berühmten Bergschnecken lädt das gemütliche *Ristorante Santo Spirito (Mi geschl., Tel. 018 49 40 19, Fax 01 84 94 79 00, www.ristorantesantospirito.com, €–€€*) mit zwölf netten Hotelzimmern ein.

Der kleine Ort *Triora* muss einmal reich und bigott gewesen sein, nach den Ruinen von fünf Festungsanlagen und nach den zehn Kirchen und stattlichen Wohnhäusern zu urteilen. Und berühmt-berüchtigt wegen der Hexenverfolgung, wie das Hexenmuseum zeigt *(Museo Etnografico e della Stregoneria, Mo–Fr 15–18, Sa/So 10.30 bis 12 und 15–18 Uhr, Corso Italia 1).* Zum Thema passt der leicht abgedrehte Laden *La Strega di Triora (Corso Italia 50, www.lastregaditriora.it)* mit »Hexenkuss« und Liebeselixieren.

Hoch am Felsen kleben Dörfer wie *Realdo* und *Verdeggia,* von hier starten auch Gebirgstouren (Infos zu Trekking- und Klettertouren in der Alta Valle Argentina bei der *Touristeninformation in Triora, Corso Italia 7, Tel. 018 49 40 49, www.comune.triora.im.it*). Laben Sie sich in der *Trattoria Ca' da Roca (Juli/Aug. tgl., sonst vorher anrufen, Tel. 018 49 41 41, €)* in *Realdo.*

Wieder zurück über Triora geht es nun in Serpentinen durch Kastanienwälder, über die Alpkuppe *Colla di Langan* mit der nahen Berghütte *Colle Melosa* (Abstecher hin und zurück 13 km), beliebte Ausgangspunkte für Bergtouren.

Auf der Rückfahrt durch das Nerviatal hinunter zur Küste ist die nächste Station *Pigna* mit seinen dunklen, engen, mit Bogen überzogenen Gassen. Vor den Toren Pignas überraschen Schwefeldünste und eine moderne, aufwändige Thermalanlage. Insider Tipp Mittelalterlich geprägt sind auch *Isolabona* und das abseits und herrlich gelegene *Apricale*. Hier in der Altstadt laden sechs charmante Zimmer in der romantischen *Locanda dei Carugi (Via Roma 12/14, Tel. 01 84 20 90 10, Fax 01 84 20 99 42, www.locandadeicarugi.it, €€)* ein. Es folgen die Winzerstädtchen *Dolceacqua (S. 47)* und *Camporosso*, und schließlich ist auch wieder die Küste mit *Ventimiglia (S. 45)* und *Bordighera (S. 32)* erreicht.

2 DIE TÄLER VON CHIAVARI HINAUF

Auch der Tagesausflug in die Täler oberhalb von Chiavari (140 km) kann mit einem Stück Küste beginnen: Schließlich gehört zum Bild Liguriens immer beides, das Meer und die Berge. Gefahren lauerten früher überall, im steilen Gestein, in den einsamen Wäldern, in der rauen Brandung. So entstanden mit der Bitte um Schutz zahlreiche Wallfahrtskirchen, meist herrlich gelegen und manche mit herzergreifenden Votivbildern, die von den überstandenen Schrecken und gefährlichen Zeiten der Fischer, Bauern und Hirten erzählen. Auf dem Weg von Moneglia über Sestri Levante und Chiavari bis hinauf in den Bergferienort Santo Stefano d'Aveto liegen solche Stätten, in denen im Sommer Feste mit Prozessionen, Markt- und Schlemmerständen sowie phantastischen Feuerwerken stattfinden.

Zum Auftakt laden bei *Moneglia* angenehme Strände ein, etwa die berühmte *Spiagga La Secca*, zu Fuß von der Küstenstraße am nordwestlichen Ortseingang zu erreichen. Über die besser ausgebaute Via Aurelia geht es zu den Küstenorten *Sestri Levante (S. 56)*, *Lavagna* (mit altem Ortskern und berühmt für die nahen Schieferbrüche) und *Chiavari (S. 53)*. Landeinwärts öffnet sich das Entellatal, und nach 3 km geht es hinauf zur anthrazit und weiß gestreiften *Basilica dei Fieschi (S. 54)*.

Weiter fahren Sie auf der SS 225, die bald den Weg ins Fontanabuonatal einschlägt, halten sich dann aber Richtung Borgonuovo, um schließlich die Linksabzweigung ins Sturlatal nach Borzonasca zu nehmen. Hier lohnt der Abstecher (6 km hin und zurück) hinauf zur mittelalterlichen Abtei *Abbazia Borzone*, in stimmungsvoller Einsamkeit gelegen.

Die Route windet sich dann weiter auf den Forcellasattel, tritt ins Avetotal ein, erreicht das Bauerndorf Cabanne, das sich in einer weiten Mulde ausdehnende *Rezzoaglio* mit seinen mittelalterlichen Brücken und schließlich den Bergferienort *Santo Stefano d'Aveto*. Buchenwälder und die Kuppe des Monte Penna (1735 m) laden zu Wanderungen ein, im Winter bei besten Schneeverhältnissen auch zu Langlauf. Restaurant, Pool und tolle Lage bietet das alpin-gemütliche *Grand Hotel Siva (56 Zi., Via Marconi 5, Tel./Fax 018 58 80 91, €–€€)*. In der gepflegten *Hosteria alla Luna Piena (Mo geschl., Via Ponte dei Bravi 7, Tel. 018 58 83 82, €–€€)* gibt es leckere Pilz- und Fleischgerichte sowie Pizza.

Die Rückfahrt zur Küste folgt bis hinter Cabanne, kurz vor dem Forcellasattel, der gleichen Strecke, nimmt dann aber die Rechtsabzweigung nach Favale di Malvaro und erreicht bei *Cicagna (S. 57)* das *Fontanabuonatal.* Nach 3 km talwärts folgen Sie der Rechtsabzweigung nach *Rapallo (S. 66),* von der nach weiteren 8 km ein Abstecher zu einem der berühmtesten Wallfahrtsorte Liguriens führt: *Nostra Signora di Montallegro* (6 km hin und zurück, *S. 67).* Nach einem letzten reizvollen Abschnitt erreichen Sie dann bei Rapallo wieder die Küste.

3 AUF DEM KAMM ÜBER DEN CINQUE TERRE

Eine der schönsten Landschaften Liguriens sind die Cinque Terre (S. 69) an der Riviera di Levante: fünf auf Felsklippen sich krallende Dörfer, vorn die Gischt der Meereswellen, im Rücken die in Terrassen aufsteigende Küste aus Stein.

Die herrliche Aussicht, die großartige Landschaft und eine ganze Reihe von markierten Wegen laden zum Wandern ein. Vor allem zwei Strecken sind zu nennen: der Küstenweg Nr. 2, der die fünf Dörfer miteinander verbindet (insgesamt ca. fünf Stunden), und der vielleicht schönste Höhenweg an der Küste Italiens, der Weg Nr. 1, der hoch oben auf dem Küstenkamm verläuft, über mehrere Berggipfel mit atemraubender Aussicht führt, bei Levanto aufsteigt und bei Portovenere wieder hinunterführt. Mit seinen zwölf Stunden (ca. 40 km) Wanderdauer ist er an einem Stück kaum zu schaffen. Daher empfiehlt es sich, ihn in zwei oder drei Etappen aufzuteilen. Eine sehr reizvolle Unterbrechung bildet der einstündige Abstieg hinunter nach Vernazza, der Aufstieg am nächsten Morgen dauert 90 Minuten. Der Weg bietet keine großen Schwierigkeiten, und dank des milden Klimas kann man ihn, außer in der Hitze des Hochsommers, das ganze Jahr über begehen. Am schönsten ist er wohl zur Weinlese im Herbst, oder vielleicht reizt Sie diese Art Naturerleben auch im Winter.

Der Wanderweg ist rot markiert. Man braucht festes Schuhwerk, Wasser und Wegzehrung. Die Wanderkarten des italienischen Alpenvereins (CAI) oder die Kompass-Wanderkarte Nr. 644, Blatt Cinque Terre, findet man in den Buchhandlungen an der Küste.

Beginnen Sie die Wanderung im Zentrum von *Levanto (S. 75)* und gehen zunächst unter der alten Eisenbahnlinie hindurch am Meer entlang, am Kastell vorbei und immer weiter ansteigend über dem Meer bis zu einer Weggabelung (1,30 Std.): Rechts erscheint nun die Landspitze Punta Mesco mit einem phantastischen Weitblick auf die Cinque-Terre-Küste, weiter an der Küste entlang *Monterosso (S. 71);* Weg Nr. 1 hingegen führt den Kamm hinauf. Es geht über mehrere Bergkuppen (etwa über den Montenegro mit 464 m Höhe), bis der Weg schließlich die obere Küstenstraße nach Monterosso bzw. nach Legnaro und Levanto erreicht (2 Std.).

Am besten zu Fuß oder mit der Bahn zu erobern: die Cinque Terre

Weg Nr. 1 folgt nun dem ansteigenden Asphaltsträßchen, das am besuchenswerten Wallfahrtsort *Madonna di Soviore (S. 70)* vorbeiführt, bis Sie nach 3,5 km (1 Std.) wieder die Straße verlassen. Nach 45 Min. Wanderweg erreichen Sie erneut ein Asphaltsträßchen oberhalb der Häuser von *Drignana.* Nach einem kurzen Straßenstück beginnt dann der Anstieg auf die Bergkuppen *Montepertuso* (815 m) und *Monte Castello* (752 m) (von Drignana 1,45 Std.).

Hier oben auf dem Kamm beginnt das spektakulärste Teilstück der Wanderung: Herrliche Ausblicke bieten die Bergkuppen und der Kammweg (1,45 Std.).

Es folgt ein Waldstück, das sich an Wasserläufen und Quellen entlangzieht. Erneut führt der Weg über den Kamm auf und ab über Kuppen und Sattel bis zur *Sella La Croce* (673 m, 1,30 Std.).

Der Hauptweg geht nun in eine Staubstraße über, bis er kurz vor der Straßengabelung *Bramapane* wieder als Weg abzweigt, vorbei an einer Festungsanlage und über eine Serpentinenkurve der Straße hinweg wieder auf eine Staubstraße durch den Wald. Es geht bergab, immer näher der Küste zu, durchs Dorf *Campiglia* (1,30 Std.).

Sich auf dem linken Weg haltend, parallel zum Sträßchen, gelangen Sie im Anschluss an eine scharfe Kurve auf das Steilstück der Felsen von *Muzzerone.* Es ist eine ungefährliche, wenn auch die anspruchsvollste Wegstrecke, und schon nach 30 Min. ist erneut die Straße erreicht, deren Serpentinen Sie hinunterfolgen bis nach *Portovenere (S. 61,* 1,15 Std.). Von dort gelangt man mit öffentlichen Verkehrsmitteln zurück in die Cinque Terre. Da vom Höhenweg Nr. 1 immer wieder Wege hinab zu den Dörfern abgehen, die zur lohnenden Einkehr einladen, lässt sich diese Wanderung auch sehr gut in drei Tagesetappen aufteilen.

Paradies für Gipfelstürmer und Wasserratten

Herrliche Wanderrouten durch Macchiawälder, über Höhenkämme und Klippen, faszinierende Tauchgründe, surfen und segeln auf sauberem Meer

M*are e monti,* das Meer und die Berge, das beherrschende Szenario der ligurischen Riviera, ermöglichen jede Art von sportlicher Aktivität. Und auch Ausgefalleneres wie Canyoning, Paragliding, Rafting, Orienteering steht auf dem Programm. Und wer gerne reitet oder Golf spielt, für den gibt es zahlreiche Reitställe und hier und dort schöne Golfplätze.

FREECLIMBING

Insider Tipp Die Kalkwände bei Finale Ligure gelten in der europäischen Freeclimberszene als besonders schön und abwechslungsreich: Mehr als 1500 Kletterrouten finden sich hier. Klettern kann man auch im oberen Argentinatal oberhalb von San Remo, weitere Kletterwände gibt es oberhalb von Albenga und an der Riviera di Levante bei Sestri Levante und bei Muzzerone in den Cinque Terre. *www.falesia.it*

Zwischen Himmel und Meer schlängeln sich grandiose Wanderwege durch die Cinque Terre

GOLF

Golf ist sehr angesagt, und für die nächsten Jahre ist die Entstehung zahlreicher Plätze vorgesehen. Doch jetzt schon werden Golfspieler fündig, das milde Klima der Riviera macht es zudem möglich, das ganze Jahr über zu spielen. In San Remo spielt man auf einem der traditionsreichsten Golfplätze Italiens, der schon 1927 angelegt wurde: *Circolo Golf degli Ulivi, 18 Löcher, Di geschl., Strada Campo Golf 59, Tel. 01 84 55 70 93, Fax 01 84 55 73 88.* Ein schöner Platz für Anfänger wie Experten liegt in Garlenda oberhalb von Albenga: *Golf Club Garlenda, 18 Löcher, Mi geschl., Via del Golf 7, Tel. 01 82 58 00 12, Fax 01 82 58 05 61.* Inmitten eines Pinienwalds liegt der *Golfclub von Arenzano* nahe Genua: *9 Löcher, mit Tennis und Pool, Di geschl., Piazza del Golf 3, Tel. 01 09 11 18 17, Fax 01 09 11 12 70.* Einen landschaftlich besonders reizvollen Platz bietet Rapallo: *Circolo Golf Rapallo, 18 Löcher, Di geschl., Via Mameli 377, Tel. 01 85 26 17 77,*

Fax 01 85 26 17 79. Schließlich gibt es bei Lerici den *Golf Club Marigola, 9 Löcher, Mi geschl., Via Biaggini 5, Tel./Fax 01 87 97 01 93.* Informationen auch auf der Website *www.greenpass.com.*

MOUNTAINBIKING

Die Berge im Hinterland der Riviera auf dem Mountainbike zu erkunden ist nicht nur bei Touristen, sondern auch unter den Einheimischen sehr beliebt. So ist der Parco Urbano delle Mura an der Peripherie Genuas alljährlich Schauplatz der italienischen MTB-Meisterschaften. Die zahlreichen MTB-Routen Liguriens führen über Forstwege und alte Maultierpfade, über ausgezeichnete Wanderwege, durch Wälder und über Hangwiesen. Die Fremdenverkehrsämter haben die Adressen der zahlreichen Vereine und Stationen, wo man Räder mieten kann (in allen größeren Touristenzentren und landeinwärts in Bergorten), außerdem liegt Info- und Kartenmaterial zu verschiedenen MTB-Routen aus. In den Lokalzügen ist die Mitnahme von Rädern erlaubt. Eine sehr beliebte MTB-Gegend ist Finale mit einer Website zum Thema: *www.finalbiking.com*

PARAGLIDING

In der Luft über die Steilküsten segeln – für die, die es sich trauen, kann man sich kaum ein atemraubenderes Szenario vorstellen. An der Riviera di Ponente wie an der Levante gibt es entsprechende Flugschulen. In Finale Ligure z. B. kontaktieren Sie die *Associazione Polisportiva, Tel. 019 69 51 00, Fax 01 96 81 58 70, www.polisportiva delfinale.it.* Man startet von der Hochebene Altopiano delle Manie und vom Monte Caprazuppa und landet an den Stränden von Finale und Varigotti.

REITEN

Wer im Sattel durch die Wälder und über die Wiesen streifen möchte, findet ein paar Dutzend Reitställe im hügeligen Hinterland der Küste. Die Fremdenverkehrsämter helfen mit Adressenlisten. Auch einige Bauernhöfe, die Ferienunterkünfte anbieten, halten für ihre Gäste Reitpferde. Ein besonders gut geführter Reiterhof mit 20 schönen Tieren, auf denen man auch an mehrtägigen Wanderritten teilnehmen kann, liegt an der Ponente bei Dolcedo nahe Imperia: *Maneggio Mulino Martino (deutschsprachiger Besitzer), Via Clavi 13, Tel./Fax 01 83 28 07 82, Handy 33 91 83 39 44, www.mulino martino.de*

Insider Tipp

SEGELN & SURFEN

Segeln steht hoch im Kurs, in Genua findet mit dem Salone Nautico in der zweiten Oktoberwoche Italiens größte Bootsmesse statt. An guten Tagen wimmelt es nur so von weißen Segeln vor der Rivieraküste, im Hochsommer herrscht dagegen häufig Flaute. Praktisch jeder größere Badeort verfügt über einen Sporthafen, es gibt über 60 Segelvereine, von denen zahlreiche auch Segel- und Surfkurse anbieten sowie Boote jeder Art und Größe und Windsurfbretter verleihen. Brettverleih und Unterricht findet man auch direkt an vielen Stränden. Unter Surfern beliebte Küstenstreifen sind bei Varazze und Levanto.

Segeln, surfen, tauchen: Ligurien stellt Wassersportler vor die Qual der Wahl

TAUCHEN

Die ligurische Küste ist dank ihrer Felsigkeit ein Taucherparadies, fast überall geht es nach wenigen Metern schon sehr rasch in die Tiefe. Besonders schöne Unterwasserwelten finden sich z. B. bei Ventimiglia Insider Tipp an den Balzi Rossi mit weiten Seegrasfeldern. Am Inselchen Isolotto di Bergeggi südwestlich von Savona können Taucher in 35 m Tiefe Stalaktiten und Stalagmiten bestaunen. Traumhafte Meeresgründe bietet die Levanteküste, vor allem um die Halbinsel Portofino, vor der Küste der Cinque Terre und im Golf von La Spezia. Der Meeresgrund vor Portofino und vor den Cinque Terre steht unter Naturschutz, in manche Bereiche darf man nur mit einem offiziellen Tauchbegleiter. Tauchschulen, *scuola sub* oder *diving center* genannt, mit Ausrüstungsverleih finden sich in allen größeren Badeorten, schauen Sie auf die Website *www.liguriadiving.com*. Empfehlenswert in Santa Margherita: *Diving Center San Fruttuoso, Via Favale 31, Tel. 01 85 28 95 74, Handy 335 33 50 16, www.san-fruttuoso.it*

WANDERN

★ Wandern gehört zu den Highlights eines Ligurienurlaubs. Für jeden Anspruch gibt es geeignete Wandertouren, besonders beliebt sind die Cinque Terre, aber auch die hoch gelegenen Naturparks wie z. B. der Parco Monte Beigua oberhalb von Varazze. Den eigentlichen Höhepunkt – im wahren Sinn des Wortes – bildet die *Alta Via dei Monti Liguri* (*s. Kasten S. 15*). Hilfreich für Wanderungen in Ligurien ist auch die gute Website *www.italienwandern.de.*

WILDWASSERSPORT

Kajakfahren, Rafting, Canyoning: Die oberen Bergtäler mit ihren Sturzbächen bieten beste Möglichkeiten für alle, die es mit diesen explosiven Wassergewalten aufnehmen möchten. Besonders beliebt sind die oberen und mittleren Läufe der Bergflüsse Argentina (oberhalb von San Remo an der Ponente) und Vara (oberhalb von La Spezia an der Levante). Die Fremdenverkehrsämter helfen mit Adressen weiter.

Wale und Haifische gucken

Märchenhafte Tropfsteinhöhlen, simulierte Erdbeben und eine »Stadt der Kinder«: Ligurien bietet auch kleinen Urlaubern mehr als Strand und Badespaß

Manchmal bekommt man, ob Kind oder Erwachsener, Lust auf etwas anderes, muss einfach mal einen Tag Pause von Meer und Strand machen – nicht zuletzt, weil Ligurien ein paar Attraktionen zu bieten hat, die man sich als Familie nicht entgehen lassen sollte. Da ist z. B. das Aquarium von Genua mit seiner überreichen Sammlung an Meeresgetier in großen Wasserbecken, darunter sogar ein paar zähnefletschende Haifische. Große Meeresbewohner lassen sich aber auch auf dem offenen Meer ausmachen: Wale und Delfine, an deren Tummelplätze weit draußen vor der Küste Schiffsausflüge heranführen. Außerdem gibt es märchenhafte Tropfsteinhöhlen, Museen mit Hexen, mit Dinosaurierspuren, mit geflügelten Eichhörnchen, Museen, in denen gezeigt wird, wie man früher lebte, als Handwerker, Bauer, auf Schiffen. Ein stillgelegtes Schieferbergwerk kann man besuchen, aber auch ein Wasserspaßbad.

An der Riviera geht es im Allgemeinen ausgesprochen kinderfreundlich zu. Kindergeeignete Strände mit Sand oder kleinen Kieseln, von denen es seicht ins Meer hineingeht, finden sich vor allem an der Ponente. In vielen Hotels und Ferienanlagen bekommen Sie Preisnachlässe für kleine Kinder, Kinderteller und Kinderbetten. Seit kurzem gibt es in Finale Ligure sogar ein Hotel, das nur Familien mit Kindern als Gäste akzeptiert und entsprechend ausgerüstet ist: mit Wickeltischen, Küchenzugang rund um die Uhr, Menüabsprache etc. *(Hotel Villa Ada, Via Genova 4, Tel. 019 60 16 11, Fax 019 60 13 03, www.hoteldelbambino.com).*

Lesestündchen im Café

RIVIERA DI PONENTE

Erlebnispark Le Caravelle in Ceriale **[115 F3]**

Karavellen hießen die Schoner, mit denen der Genuese Christoph Kolumbus aufbrach und Amerika entdeckte. In reduziertem Ausmaß dümpeln sie zum Draufrumklettern in der Wasserlandschaft dieses nach ihnen benannten Erlebnisparks – eine Landschaft, die versucht, die Reise von Kolumbus und die damalige Zeit, das 15. Jh. in Genua, in Spanien, schließlich in der Karibik, lebendig werden zu lassen. Zum reinen Vergnügen gibt es zahlreiche Arten von Wasserrutschen, Schwimm- und Plantschbecken, für jedes Alter etwas. Außerdem Beachvolleyballplätze, eine Tanzpiste mit DJ, Animation und Cafébars, Eisstände, ein Selbstbedienungsrestaurant. *Juni bis Sept. tgl. 10–19 (Juli/Aug. Mi und So bis 22) Uhr, 17 Euro, Kinder 4–11 Jahre 12 Euro, bis 3 Jahre frei, Via Sant'Eugenio 51, www.lecaravelle.com*

Grotte di Toirano **[115 F2]**

★ In ein paar der 70 Höhlen hat man Skelettreste vom sogenannten Höhlenbär sowie Spuren steinzeitlicher Behausungen gefunden. Einige dieser traumhaften Tropfsteinhöhlen, die sich im Innern der hellen Kalkberge oberhalb von Toirano befinden, kann man auf einem anderthalbstündigen Spaziergang durchwandern. Der Phantasie sind keine Grenzen gesetzt: Mal wähnt man sich in einem versteinerten Blumengarten, mal in den kristallinen Eingeweiden irgendeines Riesenmonsters. Zu den in ganz Italien berühmten Tropfsteinhöhlen gelangt man bei Loano zwischen Albenga und Finale Ligure etwa 5–6 km landeinwärts. *Tgl. 9.30 und 12.30 und 14–17 Uhr, 9 Euro, 6–14 Jahre 5 Euro, www.toiranogrotte.com*

Volkskundemuseum in Cervo **[115 E4]**

In den Räumen der Burg zeigt der passionierte Heimatforscher und Erinnerungshüter Roberto Ferrero, was er alles zusammengetragen hat an Werkzeugen, Gerätschaften, Einrichtungsgegenständen, Kinderspielzeug, Haushaltsgeräten, die das Handwerker- und Bauernleben vor noch gar nicht langer und doch schon so ferner Zeit illustrieren. Ferrero hat dazu lebensgroße Puppen (die ihm übrigens ähneln) gebaut, die die Tätigkeiten anschaulich vorführen. *Museo Etnografico del Ponente Ligure, Mo–Sa 9–12 und 15.30–19, im Winter bis 16.30 Uhr, Eintritt frei, Spende erwünscht*

Whalewatching Insider Tipp

Delfine und bis zu 24 m lange Wale tummeln sich draußen vor der ligurischen Küste. Natürlich stehen sie unter strengem Naturschutz. Von Juni bis Mitte Sept. starten tgl. (Mitte Sept.–Mai nur Sa/So) von den Häfen in *Imperia* **[115 E5]**, *Finale Ligure* **[116 C6]** und *Andora* **[115 F4]** Ausflugsschiffe, um die Wale und Delfine zu sichten. *Dauer 5 Std., 32 Euro, 13–18 Jahre 25 Euro, 4–12 Jahre 16 Euro, bis 3 Jahre frei, www.whalewatch.it*

RIVIERA DI LEVANTE

Paläontologisches Museum in Lerici **[121 E5]**

In der restaurierten Burg von Lerici am Golf von La Spezia kann man im Museo Paleontologico uralte Fossilienabdrücke und neue Dinosaurierimitationen bestaunen. Nicht nur für Kinder besonders aufregend ist die Erdbebensimulationsplatte, Insider Tipp auf der man sich so richtig durchzittern lässt. *Mitte Okt. bis Mitte März Di–So 10.30–12.30, Sa/So auch 14.30–17.30 Uhr, Mitte März–Juni und Sept.–Mitte Okt. Di bis So 10.30–13 und 14.30–18 Uhr, Juli/Aug. Di–So 10.30–12.30 und 18.30–24 Uhr, 5 Euro, 5–12 Jahre 3 Euro, sala sismica (Erdbebensimulation) 1,50 Euro, www.castellodilerici.it*

Zieht kleine und große Besucher in Bann: das Aquarium in Genua

GENUA

Acquario **[U C3]**

★ In dem berühmten Aquarium im alten Hafen leben allein 6000 Tierarten aus Meer und Küstenbereich. »Stars« sind die Haie, die Lieblinge sind die Delfine und die Pinguine. Jährlich kommen 1,5 Mio. Besucher! Von den Einnahmen wird viel investiert in den Wissenschafts- und Tierschutzbereich, der als beispielhaft gilt, mit Forschungsprojekten und Umweltaktionen. Auch kommen ständig Attraktionen aus der Tierwelt hinzu, die neueste Errungenschaft ist ein artgerechtes Terrarium mit Schildkröten aus Madagaskar. *Mo–Fr 9.30–19.30 (letzter Einlass 18), Sa/So 9.30–20.30, Juli/Aug. tgl. 9.30–23 Uhr, 14 Euro, 4–12 Jahre 8 Euro, Porto Antico, Ponte Spinola, www.acquario.ge.it*

Biblioteca De Amicis **[U B3]**

Eine große Kinder- und Jugendbibliothek im Alten Hafen, an Regentagen kann man sich hier gemütlich zurückziehen und schmökern. Es gibt ein ganzes Regal mit Kinder- und Jugendbüchern auf Deutsch. Insider Tipp *Tgl. 10.30–19 Uhr, Porto Antico, Magazzini del Cotone*

La Città dei Bambini **[U B3]**

Experimentelle Spielstunden für Kinder von drei bis 14 Jahren im Alten Hafen, bei manchen muss man Italienisch können, bei anderen nicht: Ausprobieren! *Di–So 10–18 Uhr, 3–14 Jahre 5 Euro, Porto Antico, Magazzini del Cotone, www.cittadeibambini.net*

Naturkundemuseum G. Doria **[U F5]** Insider Tipp

Zwar ein altmodisches Sammlermuseum, doch mit ziemlich aufregenden Beispielen, was es an Lebewesen so alles gibt, z. B. den Beelzebubaffen, Vampire und fliegende Eichhörnchen. *Museo di Storia Naturale G. Doria, Di–Fr 9–19, Sa/So 10–19 Uhr, 4 Euro, Kinder und Jugendliche bis 18 Jahre frei, Via Brigata Liguria 9*

Angesagt!

Was Sie wissen sollten über Trends, die Szene und Kuriositäten in Ligurien

Corso

Corso, das ist der Bummel über die Hauptgeschäftsstraße, über die Hauptpiazza, über das zentrale Stück der Strand- oder Hafenpromenade, auch *passeggiata* oder *struscio* genannt. Es setzt in den Ferienorten gegen Abend ein, vor dem Abendessen, und schwillt danach erst richtig an: Alle zeigen sich, braun gebrannt, mit gelglänzendem Haar und knappem, nabelfreiem Outfit. Und kaum ein abendliches Schlendern, das nicht in der *gelateria* endet.

Die *movida* von Genua

Nachdem die Altstadt von Genua über Jahrzehnte als off limits galt, scheint sich etwas zu verändern: Interessant gestylte Ausgehlokale, lebhafte Musikkneipen, Cyber- und Sushibars schießen in den engen Altstadtgassen, den *carruggi,* aus dem Boden.

Marinestil

Was ziehe ich auf dem Boot an? In den Schaufenstern der Boutiquen von Portofino und Santa Margherita liegen die schicken Shirts, Bermudas, Segeltaschen der berühmten Modelabels – alle geben alljährlich eine Marinakollektion heraus. Dazu trägt man Schuhe mit hellen Sohlen, aber unbedingt ohne Socken!

Happy Hour

So nennt sich der Moment des Tages gegen 18 oder 19 Uhr, wenn man sich in den besten und zentralsten Bars zum Vorabenddrink trifft. Das hat kaum etwas mit dem einstigen Aperitif – Campari-Soda und ein paar Chips – zu tun, sondern erinnert eher an die spanische Tapakultur. Heute sind es vor allem die jungen Leute, die sich zum Cocktails oder zum *aperitivo della casa* treffen. Dazu werden ganze Buffets aufgebaut, mit Gemüsetörtchen, Nudelgerichten, Sardellen etc. – ein unverzichtbares Ritual in Genua und im Sommer in den Badeorten.

Beach- und Fullmoonpartys

Konkurrenz zu den klassischen Diskos sind die Partys in vielen neuen Strandlokalen, die tagsüber Badeanstalten sind und sich abends in stimmungsvolle Treffs zum Essen und Tanzen bei Fackelschein verwandeln.

Von Anreise bis Zoll

Hier finden Sie kurz gefasst die wichtigsten Adressen und Informationen für Ihre Ligurienreise

ANREISE

Auto

Der Weg nach Ligurien führt durch die Schweiz über die Gotthardautobahn nach Mailand und von dort weiter Richtung Genua (durchgängig Autobahn) oder durch Österreich über den Brenner nach Verona und von dort auf die Autobahn Brescia–Piacenza–Genua bzw. La Spezia. Die Autobahnen in Italien sind ebenso wie die in Österreich und der Schweiz mautpflichtig. In Italien zahlt man an den Mautstellen bar oder mit den gängigen Kreditkarten.

Autozüge *(Tel. 018 05 24 12 24, www.dbautozug.de)* gibt es von fünf deutschen Großstädten nach Livorno bzw. Verona.

Bahn

Mit dem Zug fahren Sie entweder über die Schweiz auf der Gotthard-Mailand-Strecke und von Mailand weiter nach Genua oder München–Brenner–Verona und von dort über Brescia nach Genua.

Von Genua aus verkehren Züge in westlicher und östlicher Richtung entlang der ligurischen Küste tagsüber nahezu im Stundentakt und machen die Bahn so zum idealen und preiswerten Fortbewegungsmittel im Küstenbereich der Riviera.

Flugzeug

Genuas Flughafen Cristoforo Colombo wird mehrmals täglich aus Deutschland angeflogen, meist mit Zwischenstopp in Frankfurt bzw. Mailand. Low-Cost-Gesellschaften wie Condor *(www.condor.com)* und Ryan Air *(www.ryanair.com)* haben Genua auf dem Flugplan.

AUSKUNFT

Fremdenverkehrsbüro Enit

– *Kaiserstr. 65, 60329 Frankfurt;*
– *Kärntnerring 4, 1010 Wien;*
– *Uraniastr. 32, 8001 Zürich;*
Gebührenfreie Telefonnummer für Deutschland, Österreich und die Schweiz: *008 00 00 48 25 42*
– *www.enit.it*

Agenzia Regionale per la Promozione Turistica »In Liguria«

Palazzo Ducale, Piazza Matteotti 9, 16123 Genova, Tel. 01 05 30 82 01, Fax 01 05 95 85 07

AUTO

Wer auf der Autobahn nach Ligurien fährt, muss eine Mautgebühr *(pedaggio)* entrichten; mit der Kreditkarte passieren Sie schnell und bargeldlos die Zahlautomaten. Vorgeschrieben sind Führerschein und Fahrzeugschein, empfohlen wird die grüne Versicherungskarte. Auch tagsüber ist außerorts das Fahren mit Abblendlicht vorgeschrieben. Die Höchstgeschwindigkeit in geschlossenen Ortschaften beträgt 50 km/h, außerorts 90 km/h, auf Schnellstraßen 110 km/h und auf Autobahnen 130 km/h. Vorgeschrieben ist das Mitführen einer Warnweste für alle Wageninsassen. Die Promillegrenze liegt bei 0,5.

Nur bei den Tankstellen an den Autobahnen gibt es einen 24-Stunden-Service. Viele Zapfsäulen an wichtigen Knotenpunkten sind außerhalb der Kernarbeitszeiten (Mittagspause: 12.30–15.30 Uhr) nur mit Tankautomaten zu bedienen. Auch wer zu Hause mit Normalbenzin auskommt, sollte in Italien wegen der niedrigeren Oktanzahl Super tanken.

Vor allem in den Innenstädten und in den Badeorten ist die Parkplatznot groß, und es werden zunehmend Parkgebühren erhoben, was auch recht streng kontrolliert wird. Den Parkschein bezieht man entweder aus Automaten oder in Zeitungskiosken und *tabacchi*-Läden (Rubbelschein). Wenn irgend möglich, sollten Sie sich ohne Auto fortbewegen.

BAHN

An Liguriens Küste ist das Bahnfahren reizvoll und preiswert. Den Fahrplan *(orario generale)* erhält man an Zeitungskiosken oder (auch auf Englisch) im Internet: *www.trenitalia.com.* Die Züge zwischen Ventimiglia und Genua sowie zwischen Genua, den Cinque Terre und La Spezia fahren ungefähr im Stundentakt. Die Fahrkarte muss vor Fahrtantritt an den orangegelben Automaten auf dem Bahnhof entwertet werden!

DIPLOMATISCHE VERTRETUNGEN

Deutsches Honorarkonsulat
Genua, Ponte Morosini 41/1, Tel. 01 02 71 59 69, Fax 01 02 71 59 66

Österreichisches Honorarkonsulat
Genua, Via Assarotti 5, Tel./Fax 01 08 39 39 83

Schweizer Honorarkonsulat
Genua, Piazza Brignole 3, Tel. 010 54 54 11, Fax 010 54 54 12 40

FOTOGRAFIEREN

Filmmaterial ist in Italien meist teurer als in Deutschland, Sie sollten es daher am besten schon zu Hause kaufen.

GESUNDHEIT

Apotheken *(farmacia)* sind in Italien meistens Mo–Fr 9–12.30 und 15.30–19 Uhr, Sa nur vormittags geöffnet. In der übrigen Zeit gibt es in allen größeren Orten einen Bereitschaftsdienst. Das Honorarkonsulat in Genua hat Adressenlisten von deutschsprachigen Ärzten. Fragen Sie bei Ihrer Krankenkasse nach der neuen Europäischen Versicherungskarte EHIC, die Sie in Italien im Krankenhaus bzw. dem örtlichen Gesundheitsamt ASL *(Azienda Sanitaria Locale)* vorlegen. Ein Tipp: Die Notfallambulanz *(Pronto Soccorso)* hilft in der Regel schnell, gut und unbürokratisch.

INTERNET

www.turismoinliguria.it
www.blumenriviera.de
www.reisetipps.de
www.rivieradeifiori.org
www.aptgenova.eu
www.apttigullio.liguria.it
www.aptcinqueterre.sp.it
www.inforiviera.it

Was kostet wie viel?

Kaffee	**1,25–1,50 Euro** in der Stehbar für eine Tasse Cappuccino
Eis	**1,50 Euro** für eine Kugel Eis
Wein	**2–4 Euro** für ein Glas am Tresen
Imbiss	**ab 3 Euro** für ein Stück *focaccia*
Benzin	**um 1 Euro** für 1 l Super bleifrei
Strand	**15–25 Euro** Miete für Schirm und Liege

INTERNETCAFÉS

– *Monterosso (Cinque Terre): The Net, Via Vittorio Emanuele 55, Tel. 01 87 81 72 88*
– *Genua: Moonlit on line, Porto Antico, Piazza de Marini 15 r (gegenüber dem Aquarium), Tel. 010 81 91 46*
– *San Remo: Internet Point Casamare, Via Martiri della Libertà 74, Tel. 01 84 53 38 53*

MIETWAGEN

In Genua finden Sie am Flughafen die großen Autovermietungen. Avis und Hertz haben auch Niederlassungen in der Innenstadt in der Nähe des Bahnhofs Brignole. Der Wochentarif für einen Kleinwagen beträgt meist etwa 360 Euro, tageweise Buchung ist teurer. Fragen Sie nach Ferientarifen! Häufig ist eine Buchung vor der Reise übers Reisebüro günstiger. Angebote für Mietwagen finden Sie auch unter *www.marcopolo.de.*

NOTRUF

Polizei *113*
Feuerwehr *(Vigili del Fuoco) 115*
Notarzt, Rettungswagen *118*
Pannenhilfe des ACI *(Automobile Club Italiano) 80 31 16*

ÖFFNUNGSZEITEN

Lebensmittelgeschäfte sind in Ligurien werktags meist von 8.30 bis 13 und von 17 bis 19.30 geöffnet, alle anderen Läden, Supermärkte und Warenhäuser öffnen von 8.30 oder 9 bis 12.30 oder 13 und von 15.30 oder 16 bis 19.30 oder 20 Uhr. An einem Nachmittag in der Woche sind alle Geschäfte geschlossen. In den Badeorten bleiben die Geschäfte und Boutiquen in der Hochsaison oft bis spätabends offen. Kirchen sind meist tgl. 8–18 Uhr geöffnet, aber über Mittag häufig geschlossen.

POST

Die italienischen Postämter haben normalerweise Mo–Fr von 8.15 bis 13.20, Sa bis 12.20 Uhr (einige Hauptpostämter ganztägig) geöffnet. Briefmarken gibt es auch in Tabakläden. Briefe und Postkarten in EU-Länder und die Schweiz brauchen mit der obligatorischen *posta prioritaria* Marken zu 65 Cent.

Wetter in Genua

	Jan.	Feb.	März	April	Mai	Juni	Juli	Aug.	Sept.	Okt.	Nov.	Dez.
Tagestemperaturen in °C	10	12	14	18	21	25	27	28	25	20	15	12
Nachttemperaturen in °C	6	6	9	12	15	19	22	22	19	15	11	7
Sonnenschein Std./Tag	4	4	5	6	7	8	10	9	7	6	4	4
Niederschlag Tage/Monat	7	7	7	7	8	5	3	4	6	9	10	8
Wassertemperaturen in °C	13	12	13	14	16	20	23	23	21	19	16	14

REISEZEIT & KLIMA

Im Hochsommer kann es sehr heiß und schwül sein, auch ist das die Hauptferienzeit der Italiener, die Küstenorte platzen dann aus allen Nähten. Ideale Reisezeiten sind Frühjahr, Früh- und Spätsommer. Der Herbst kann recht regnerisch sein. Die Lage der Riviera im Schutz des Apenninbogens begünstigt milde Winter, sodass man durchaus im Januar in leichter Jacke seinen Campari im Straßencafé trinken kann – 12 bis 15 Grad sind da keine Seltenheit. Dennoch schließen an der Küste eine ganze Reihe Ferienhotels und Restaurants in den Wintermonaten, aber viele der in diesem Band empfohlenen Restaurants und Hotels sind auch ganzjährig geöffnet.

STRÄNDE

Die Wasserqualität längs der Küste Liguriens – die Riviera di Ponente überwiegend mit Sandstränden, die Riviera di Levante eher steinig – ist sehr zufrieden stellend. Natürlich empfiehlt es sich nie, in Hafengewässern oder an Flussmündungen zu baden. Von den Blauen Flaggen der Europäischen Union für schöne und gepflegte Strände mit guter Wasserqualität hat Ligurien im Vergleich zu anderen Küstenregionen Italiens besonders viele zugeteilt bekommen.

TAXI

Versuchen Sie in jedem Fall vor Beginn der Fahrt nach dem ungefähren Fahrpreis zu fragen. Achten Sie darauf, dass der Taxifahrer den Taxameter einschaltet.

TELEFON & HANDY

Telefonieren können Sie in Zellen (mit Telefonkarten, perforierte Ecke vor Benutzung abreißen!) und in vielen Bars. Telefonkarten zu 10 bzw. 5 Euro (wie auch Briefmarken, Parktickets und Busfahrkarten) bekommt man in Tabakläden. Innerhalb Italiens gibt es keine Vorwahl, daher müssen Sie auch bei Anrufen aus dem Ausland immer die Null am Beginn der Nummer mitwählen.

Telefonieren mit dem Handy ist sehr teuer, Sie zahlen auch, wenn Sie aus Deutschland angerufen werden, und zwar den Anteil am italienischen Netz; die Mailbox sollten Sie daher am besten ausschalten. Vorwahlen: Italien *0039*, Deutschland *0049*, Österreich *0043*, Schweiz *0041*

TRINKGELD

In Hotels ist Trinkgeld nur üblich für Zimmermädchen. In Restaurants wird manchmal ein Zuschlag von zehn bis 15 Prozent erhoben; freundliche Kellner freuen sich über ein zusätzliches Trinkgeld (fünf bis zehn Prozent), wenn Sie zufrieden waren.

UNTERKUNFT

Platzmangel und enge, gewundene Straßen machen aus der Riviera nicht gerade ein Camperparadies. Dennoch gibt es weit über 100 Plätze, von denen einige ganzjährig geöffnet sind. Schauen Sie in den »Campingführer Italien mit Feriendörfern« des italienischen Touring Club (im Buchhandel oder auf der Website *www.campeggitalia.com*).

Ferien auf dem Bauernhof im Landesinnern sind immer angesagter, Infos dazu auf *www.agriturismo inliguria.it* oder *www.agriturist.it.* In den Cinque Terre werden zahlreiche Privatzimmer vermietet. In Genua breiten sich B-&-B-Angebote aus: *www.bbitalia.com, www.bed-and-breakfast.it, www.bbplanet.it*

Mit Ferienwohnungen ist Ligurien sehr reichhaltig ausgestattet, ob in Küstennähe oder in den Bergen. Adressenlisten bekommt man in den Fremdenverkehrsämtern. Eine gute Informationsquelle ist das Internet, z. B.: *www.italien.com, www.fewo-direkt.de; www.fewo-ligurien.com* und *www.sommerfrische.it.* An Hotels gibt es von der Familienpension bis zur Luxusherberge alles. Die Preise steigen im Juli/August steil an, außerdem muss man dann oft mindestens Halbpension buchen. Jugendherbergen gibt es in Chiavari, Finale, Savona, den Cinque Terre und Genua. Infos im Internet: *www.ostellionline.org*

ZEITUNGEN

In den Küstenorten wird eine große Auswahl an deutschsprachigen Zeitungen und Zeitschriften angeboten. Eine deutschsprachige Monatszeitschrift mit Reportagen, Veranstaltungskalender etc.: *Riviera-Côte d'Azur-Zeitung (www.rczeitung.com).*

ZOLL

In der EU dürfen Waren für den persönlichen Bedarf frei ein- und ausgeführt werden. Richtwerte hierfür u. a.: 800 Zigaretten, 10 l Spirituosen, 90 l Wein. Bei Einreise in oder Durchreise durch die Schweiz: 200 Zigaretten, 1 l Spirituosen und 2 l Wein.

Lesestoff

Drei Lektüretipps für den Ligurienurlaub

In Monterosso in den Cinque Terre verbrachte Eugenio Montale seine Sommerferien, der 1896 in Genua geborene größte italienische Lyriker der Moderne des 20. Jhs. 1975 wurde er mit dem Literaturnobelpreis ausgezeichnet. In seinen Gedichten spielt die Natur am Meer eine große Rolle. Sein ins Deutsche übertragenes Hauptwerk heißt »Knochen des Tintenfischs« *(ossi di seppia),* die ideale Lektüre in der Mittagssonne auf einer Klippe an den Cinque Terre. In der lebendigen Hafenstadt Genua spielt die hinreißende Liebesgeschichte zwischen einem Kohleprinzen und einer Safranprinzessin im Roman »Königin ohne Schmuck« *(La regina disadorna)* des höchst phantasievollen Erzählers Maurizio Maggiani aus La Spezia. Und wer vom eigenen Haus in Italien träumt, dem sei vorher die Lektüre »Das Wasserhaus« von Margaret Minker zu empfehlen, in dem ein solcher Traum in Erfüllung geht. Doch das ersehnte alte Haus in einem Dorf in den ligurischen Bergen hat eine Vergangenheit ...

Parli italiano?

»Sprichst du Italienisch?« Dieser Sprachführer hilft Ihnen, die wichtigsten Wörter und Sätze auf Italienisch zu sagen

Zur Erleichterung der Aussprache:

c, cc	vor »e, i« wie deutsches »tsch« in deutsch, Bsp.: die**c**i, sonst wie »k«
ch, cch	wie deutsches »k«, Bsp.: pa**cch**i, **ch**e
ci, ce	wie deutsches »tsch«, Bsp.: **ci**ao, **ci**occolata
g, gg	vor »e, i« wie deutsches »dsch« in Dschungel, Bsp.: **g**ente
gl	ungefähr wie in »Familie«, Bsp.: fi**gl**io
gn	wie in »Kognak«, Bsp.: ba**gn**o
sc	vor »e, i« wie deutsches »sch«, Bsp.: u**sc**ita
sch	wie in »Skala«, Bsp.: I**sch**ia
sci	vor »a, o, u« wie deutsches »sch«, Bsp.: la**sci**are
z	immer stimmhaft wie »ds«

Ein Akzent steht im Italienischen nur, wenn die letzte Silbe betont wird. In den übrigen Fällen haben wir die Betonung durch einen Punkt unter dem betonten Vokal angegeben.

AUF EINEN BLICK

Ja./Nein./Vielleicht.	Sì./No./Fọrse.
Bitte./Danke./Vielen Dank!	Per favọre./Grạzie./Tạnte grạzie.
Gern geschehen.	Non c'è di che!
Entschuldigen Sie!	Scụsi!
Wie bitte?	Prẹgo?/Cọme, scụsi?/Cọme dịce?
Ich verstehe Sie/dich nicht.	Non La/ti capịsco.
Ich spreche nur wenig …	Pạrlo sọlo un po' di …
Können Sie mir bitte helfen?	Mi può aiutạre, per favọre?
Ich möchte …	Vorrẹi …
Das gefällt mir (nicht).	(Non) mi piạce.
Haben Sie …?	Ha …?
Wie viel kostet es?	Quạnto cọsta?
Wie viel Uhr ist es?	Che ọre sọno?/Che ọra è?

KENNENLERNEN

Guten Morgen!/Tag!	Buon giọrno!
Guten Abend!	Buọna sẹra!

Gute Nacht!	Buọna nọtte!
Hallo!/Grüß dich!	Ciạo!
Wie geht es Ihnen/dir?	Cọme sta?/Cọme stai?
Danke. Und Ihnen/dir?	Bẹne, grạzie. E Lei/tu?
Auf Wiedersehen!	Arrivedẹrci!
Tschüss!	Ciạo!
Bis bald!	A prẹsto!
Bis morgen!	A domạni!

UNTERWEGS

Auskunft

links/rechts	a sinịstra/a dẹstra
geradeaus	dirịtto
nah/weit	vicịno/lontạno
Wie weit ist das?	Quạnti chilọmetri sọno?
Ich möchte … mieten.	Vorrẹi noleggiạre …
… ein Auto	… ụna mạcchina.
… ein Fahrrad	… ụna biciclẹtta.
… ein Boot	… ụna bạrca.
Bitte, wo ist …	Scụsi, dov'è …
… der (Haupt-)Bahnhof?	… la staziọne (centrạle)?
… der Hafen?	… il pọrto?
… die Haltestelle?	… la fermạta?
… der Anleger?	… l'imbarcadẹro?

Panne

Ich habe eine Panne.	Ho un guạsto.
Würden Sie mir einen Abschleppwagen schicken?	Mi potrẹbbe mandạre un cạrro-attrẹzzi?
Gibt es hier in der Nähe eine Werkstatt?	Scụsi, c'è un'officịna qui vicịno?

Tankstelle

Wo ist bitte die nächste Tankstelle?	Dov'è la prọssima staziọne di servịzio, per favọre?
Ich möchte … Liter …	Vorrẹi … lịtri di …
… Super./… Diesel.	… sụper./… gasọlio.
… Bleifrei/… Verbleit.	… sẹnza piọmbo (vẹrde)/ … con piọmbo.
Voll tanken, bitte.	Il piẹno, per favọre.

Unfall

Hilfe!	Aiụto!
Achtung!/Vorsicht!	Attenziọne!
Rufen Sie bitte schnell …	Chiạmi sụbito …
… einen Krankenwagen.	… un'autoambulạnza.

... die Polizei.	... la polizịa.
... die Feuerwehr.	... i vịgili del fuọco.
Haben Sie Verbandszeug?	Ha materiạle di pronto soccọrso?
Es war meine Schuld.	È stạta cọlpa mịa.
Es war Ihre Schuld.	È stạta cọlpa Sụa.
Geben Sie mir bitte Ihren Namen und Ihre Anschrift!	Mi dịa il Sụo nọme e indirịzzo, per favọre!

ESSEN/UNTERHALTUNG

Wo gibt es hier ...	Scụsi, mi potrẹbbe indicạre ...
... ein gutes Restaurant?	... un buọn ristorạnte?
... ein typisches Restaurant?	... un locạle tịpico?
Gibt es in der Nähe eine Eisdiele?	C'è ụna gelaterịa qui vicịno?
Reservieren Sie uns bitte für heute Abend einen Tisch für vier Personen.	Può riservạrci per stasẹra un tạvolo per quạttro persọne?
Auf Ihr Wohl!	(Ạlla Sụa) salụte!
Bezahlen, bitte.	Il cọnto, per favọre.
Hat es geschmeckt?	Andạva bẹne?
Haben Sie einen Veranstaltungskalender?	Ha un progrạmma dẹlle manifestaziọni?

EINKAUFEN

Wo finde ich ...	Dọve pọsso trovạre ...
... eine Apotheke?	... ụna farmacịa?
... eine Bäckerei?	... un panifịcio?
... ein Fotogeschäft?	... un negọzio di artịcoli fotogrạfici?
... ein Kaufhaus?	... un grạnde magazzịno?
... ein Lebensmittelgeschäft?	... un negọzio di gẹneri alimentạri?
... den Markt?	... il mercạto?
... einen Supermarkt?	... un supermercạto?
... einen Tabakladen?	... un tabaccạio?
... einen Zeitungshändler?	... un giornalạio?

ÜBERNACHTEN

Können Sie mir bitte ... empfehlen?	Scụsi, potrẹbbe consigliạrmi ...
... ein Hotel...	... un albẹrgo?
... eine Pension...	... ụna pensiọne?
Ich habe bei Ihnen ein Zimmer reserviert.	Ho prenotạto ụna cạmera.
Haben Sie noch ...	È lịbera ...
... ein Einzelzimmer?	... ụna sịngola?

... ein Zweibettzimmer?	... ụna dọppia?
... mit Dusche/Bad?	... con dọccia/bạgno?
... für eine Nacht?	... per ụna nọtte?
... für eine Woche?	... per ụna settimạna?
... mit Blick aufs Meer?	... con vịsta sul mạre?
Was kostet das Zimmer ...	Quạnto cọsta la cạmera ...
... mit Frühstück?	... con la prịma colaziọne?
... mit Halbpension?	... a mẹzza pensiọne?

PRAKTISCHE INFORMATIONEN

Arzt

Können Sie mir einen guten Arzt empfehlen?	Mi può consigliạre un buọn mẹdico?
Ich habe Durchfall	Ho la diarrẹa.
Ich habe ...	Ho ...
... Fieber.	... la fẹbbre.
... Kopfschmerzen.	... mal di tẹsta.
... Zahnschmerzen.	... mal di dẹnti.

Post

Was kostet ...	Quạnto cọsta ...
... ein Brief ...	... ụna lẹttera ...
... eine Postkarte ...	... ụna cartolịna ...
... nach Deutschland?	... per la Germạnia?

ZAHLEN

0	zẹro	19	diciannọve
1	ụno	20	vẹnti
2	dụe	21	ventụno
3	tre	30	trẹnta
4	quạttro	40	quarạnta
5	cịnque	50	cinquạnta
6	sei	60	sessạnta
7	sẹtte	70	settạnta
8	ọtto	80	ottạnta
9	nọve	90	novạnta
10	diẹci	100	cẹnto
11	ụndici	101	centoụno
12	dọdici	200	duecẹnto
13	trẹdici	1000	mịlle
14	quattọrdici	2000	duemịla
15	quịndici	10000	diecimịla
16	sẹdici		
17	diciassẹtte	1/2	un mẹzzo
18	diciọtto	1/4	un quạrto

Reiseatlas Ligurien

Die Seiteneinteilung für den Reiseatlas finden Sie auf dem hinteren Umschlag dieses Reiseführers

Kartenlegende Reiseatlas

Autobahn mit Anschlussstelle - Mautstelle	Horb 14	Motorway with junction - Toll
Autobahn in Bau - geplant	Datum/Date	Motorway under construction - projected
Tankstelle - Rasthaus - mit Motel	La Macchia	Filling station - Restaurant - with motel
Vierspurige Straße - in Bau		Road with four lanes - under construction
National- oder Staatsstraße - in Bau		Trunk road - under construction
Wichtige Hauptstraße - in Bau		Important main road - under construction
Hauptstraße - Nebenstraße		Main road - Secondary road
Fahrweg - Fußweg		Practicable road - Footpath
Passstraße mit Wintersperre - Steigung	X-IV 10%	Mountain pass closed in winter - Gradient
Für Wohnwagen nicht empfehlenswert - gesperrt		Not suitable for caravans - closed
Gebührenpflichtige Straße - Für Kfz gesperrt		Toll road - Road closed for motor traffic
Hauptbahn mit Bahnhof - Nebenbahn		Main railway with station - Other railway
Eisenbahn (Güterverkehr) - Autoverladung		Railway (freight haulage) - Railway ferry for cars
Zahnradbahn - Seilbahn - Sessellift		Rack-railway - Cable lift - Chair lift
Autofähre - Schifffahrtslinie		Car ferry - Shipping route
Flughafen - Regionalflughafen - - Flugplatz - Segelflugplatz		Airport - Regional airport - - Airfield - Gliding field
Besonders sehenswerter Ort	GÉNOVA	Place of particular interest
Besondere Natursehenswürdigkeit	*Grotta d. Vento*	Natural object of particular interest
Sonstige Sehenswürdigkeit	* *Cittadella*	Other objects of interest
Landschaftlich schöne Strecke		Scenic road
Touristenstraße	Camino de Santiago	Tourist route
Nationalpark, Naturpark - Aussichtspunkt		National park, nature park - Viewpoint
Botanischer Garten, sehenswerter Park - - Zoologischer Garten		Botanical gardens, interesting park - - Zoological garden
Burg, Schloss für Besucher zugänglich - Ruine		Castle open to public - Ruin
Sonstige Burg, Schloss - Kirche - Kloster - Ruinen		Other castle - Church - Monastery - Ruins
Turm - Funk- oder Fernsehturm		Tower - Radio- or TV tower
Denkmal - Leuchtturm		Monument - Lighthouse
Golfplatz - Jachthafen		Golf-course - Marina
Hotel, Motel, Gasthaus - Berghütte - Feriendorf		hotel, motel, inn - Mountain hut - Tourist colony
Campingplatz - Jugendherberge		Camping - Youth hostel
Strandbad - Schwimmbad - Heilbad		Bathing place - Swimming pool - Spa
Staatsgrenze		State boundary
Grenzkontrollstelle international - - mit Beschränkung		International check-point - - Check-point with restrictions
Verwaltungsgrenze - Sperrgebiet		Administrative boundary - Restricted area
Ausflüge & Touren		Excursions & tours

A
B
C
1
2
3
4
5
6
Snive
2231
S.Bartolomeo
1505
Rastello
Moro
1739
Corságlia
Becco Costa Rossa
2404
1768
Cima della Pigna
Rif.F.I.E.
Artesina
Prato
Nevoso
Colla d.Prel
(1615)
Vernante
Vermenagna
Pésio
Éllero
Monte Sapè
1867
Certosa di Pésio
Rif.Cacciatori
Bossea
Fontane
2382
Rif.Balma
Monte Bussáia
2451
Pico Miráuda
2157
Parco Alta Valle Pesio e Tanaro
Monte Mondolè
Folchi
E 74
Limone Piemonte
(990)
Palanfré
Monte Garbella
2306
Monte Mongióie
2630
Parco
Regionale
Alpi
Marittime
Limonetto
Rif.Garelli
2650
Punta Marguareis
Pizzo d'Ormea
2476
XI-V
Colle di
Tenda
(1908)
2300
2176
Cima di Becco
Carnino
Viozene
Briga Alta
Cima di
Piano Cavallo
1896
Pornassino
279
Réfrei
2241
Úpega
Lac de l'Agnel
Vievola
(Vievola)
204
Cime de l'Evéque
Granges-de-la-Pie
Parc
22
le Salse
Ísola
10
A
L
P
I
S.te Madeleine
Noir
2356
Cime Missoun
National
Morignole
Tanarello
Ref. Fontanalbe
TENDE
(816)
Mendática
Cósio
d'Arrosc
du
Bens
Mont
Saccarel
2200
Monte
Saccarello
Mónesi
13
St Dalmas-
de-Tende
7
N.D. des
Fontaines
Ponti
Ref.
des Merveilles
2414
la Brigue
2070
Montegrosso
Pian Latte
(1801)
Colle Garezzo
1882
Monte Mónega
Pointe de la
Corne de Bouc
Mercantour
Granile
-Supérieur
Val-del-Prat
Verdéggia
(1092)
Bergue-
(Berghe)
-Inférieur
Roya
Cime de Marte
2136
Realdo
Cime de Coss
1677
FRANCE
46
Creppo
Maurioun
Fontan
18
Città medioevale
XI-III
16
TRIORA
Andagna
P.so della
(1387)
Église romane
Saorge
Monte Pietravécchia
2038
1
Cetta
Molini
di Triora
Rocca di And
S.te Anne
Castro
1971
Mont Torrage
Gorges de Saorge
Búggio
(1127)
C.la di Langan
Pian del Moro
Argentina
Agággio
Glori
la Giandola
l'Arpette
1610
2204
1587
1309
Tête d'Alpe
Madonna
Assunta
Pigna
Croce di Praesto
Monte Ceppo
1627
19
BREIL-
sur-Roya
(879)
Monte Gouta
Monte Mera
1063
Vignai
Ciabáudo
204
Castel Vittório
(654)
12
9
Piene
Mont Colombin
1026
Rocchetta
Nervina
Nerv
Bajardo
835
548
11
13
93
Isolabona
Apricale
CERIANA
Città medioevale
Colma
Airole
Monte Bignone
1299
Olivetta
San Michele
14
12
Perinaldo
(786)
S.Romolo
Arma di
Tággia
M.t Razet
1281
Mont
Grammont
1378
Collabassa
15
Doria
Dolceácqua
Verezzo
Città me
Torri
20
Negi
Borello
Bussana Vecchia
Castillon
Villatella
S.Pancrázio
Bévera
Soldano
Seborga
Póggio
2566
Autoporto
Riviera dei Fiori
Camporosso
San Biágio
d.Cima
San Remo-
Ovest
La Pigna
Monti
Sealza
Ventimíglia
Valle-
bona
23
Coldirodi
C.Verde
Menton
Castellar
E74
Bordighera
SAN REMO
59
E80
Latte
Ospedaletti
Città medioevale
Mortola
Bordighera
12
18
C.Nero
Garavan
Giardini
Botanici Hanbury
VENTIMÍGLIA
Vallecrósia
BORDIGHERA
21
MENTON
Monaco
Cap-Martin

D
E
F
116
Monte Alpet
1611
Pra
(1014)
1725
San Grée
Colle di
San Giácomo
Pievetta
Caragnetta
Caragna
Maritani
Vétria
Bórmida
Madonna
Costacalda
Valcasotto
Mursecco
Priola
Calizzano
490
Colle di
Melogno
(1028)
Becco Badò
1293
Castello
di Casotto
Deversi
Frassino
Calvi
Cima Robert
1819
Mindino
C.la di Casotto
(1381)
Cappello
Mereta
Borgo Ponte
Santuario
Quazzo
Isallo
Alpe di Perabruna
(1631)
Rif.
Savona
Valdinferno
Garéssio
Badineto
M
M.Carmo
Magliolo
1389
2144
Strada
Piàn Bernardo
76
Valdarmella
Albra
Eca
Colle
S.Bernardo
(957)
le Volte
(750)
Giusténice
Ísola
Perosa
Giogo di Toirano
(807)
Pietra
Ranzi
Pietra
Chionea
ORMEA
Città medioevale
Monte Galero
582
Gazzo
Verzi
S.ta ci Alzabecchi
(683)
Piemonte
Liguria
1708
Aimoni
Carpe
Grotte di Toirano
Boissano
1405
Pizzo delle
Penne
Berioli
Quarzina
1739
1538
Erli
Castelvécchio
di Rocca Barbena
Toirano
R
Cantarana
I
T
A
Prale
Nasino
Castelbianco
Vecersio
Balestrino
Borghetto S.S.
Caprauna
Alto
Zuccarello
Pennavaira
744
Nava
1316
Martinetto
Peagna
Ceriale
Cisano
sul Neva
Ceriale
E 80
Colle
di Nava
Armo
Áquila
di Arroscia
Menezzo
Curenna
Vendone
Conscente
Sálea
Trovasta
Moano
Gavenola
Cenesi
Campochiesa
Pornassio
Gazzo
Ranzo
Onzo
Arnasco
Castellaro
A10
Nirasca
Lovegno
Borghetto
d'Arroscia
Borgo di Ranzo
Ortovero
Albenga
Leca
Villanova
d'Albenga
453
3
Città medioevale
PIEVE
DI TECO
Vessálico
Degolla
Pogli
Bastia
Múzio
Ubaghetta
Marmóreo
Ligo
ALBENGA
San
Fedele
Lusignano
Cénova
Garlenda
Città
medioevale
Degna
Caso
Siglioli
13
Véllego
Casanova
Lerrone
Marta
Vegliasco
Isola Gallinara
Lavina
Calderara
Cártari
Solva
Ginestro
Paravenna
C.S.Croce
San Bernardo
di Cónio
Césio
Téstico
Villalunga
ALÁSSIO
Rossi
Bossaneto
Móglio
Città medioevale
Caravónica
Mérula
Stellanello
30
Poggialto
Lanfredi
Cónio
Aurigo
Borgo-
maro
Tórria
San Pietro
LAIGUÉGLIA
Déglio
Ville San Pietro
Lucinasco
Chiusánico
Diano Evigno
Villa Faraldi
Ville
San Sebastiano
Andora
Carpásio
Chiusavécchia
Riva
Tovo
Rinovo
Andora
4
Roncagli
Rocca
Capo Mele
Sarola
Diano
Arentino
Camporondo
62
Pantasina
Pianavia
28
Pontedássio
Marina
di Andora
Villatalla
Villa Viani
Borganzo
Prelá
Vásia
Molteo
Cervo
Valle Chiappa
Bestagno
Diano
San Pietro
Montalto
Ligure
Távole
Moldeto
Montegrázie
Diano
Castello
San Bartolomeo al Mare
BADALUCCO
Lécchiore
Borgo
d'Oneglia
Costa
d'Oneglia
San Bartolomeo
al Mare
Monte Faudo
1149
Bellissimi
Dolcedo
Diano Marina
Caramagna
Ligure
Pietrabruna
Torrazza
Imperia Est
Imperia
Ovest
Civezza
Boscomare
Oneglia
IMPÈRIA
Castellaro
Lingueglietta
5
Castellaro
33
Porto Maurizio
Costarainera
Cipressa
Pom-
peiana
Terzorio
ÁGGIA
Città medioevale
Conioli
Piani
26
San Lorenzo
al Mare
Riva
Santo Stefano
al Mare
Arma di Tággia
SANREMO
Città medioevale
Riviera di Ponente
6
5 km

A
B
C
1
2
3
4
5
6
Sorano
Rodello
Benevello
Belbo
Bormida
Ponti
Montelupo Albese
Castino
Serralunga d'Alba
Borgomale
San Giórgio Scarampi
Montéchiaro d'Acqui
Sinio
Léquio Bérria
Bósia
Perletto
Roccaverano
Montechiaro Piana
Albaretto della Torre
le Rutte
Becco Cisterna
Olmo Gentile
Vengore
Dénice
Arguello
Pedaggera
Cortemília
Medioevale
Roddino
Cissone
Cerretto Langhe
Cravanzana
Torre Bórmida
Mombaldone
Serravalle Langhe
Piantivello
Valle
Serole
Feisóglio
Bergolo
(616)
Gorrino
San Sebastiano
Spigno Monferrato
Barosi
Somano
Lévice
Pezzolo Valle Uzzone
Bossolasco
Gisuole
Blengi
Montaldo
Merana
Pareto
Bonvicino
Niella Belbo
Madonna di Niella
Borzegno
San Mássimo
Lovera
Passo della Bossola
(712)
Lodisio
Piana Crixia
Squaneto
S.Benedetto Belbo
Castelletto Uzzone
Prunetto
Scaletta Uzzone
Niosa
Molino
Murazzano
Sanvarezzo
Villa
Piemonte
Liguria
Mombarcaro
Monesíglio
Santa Giúlia
Berri
Belbo
Monti
Bróvida
Costa San Luigi
Gottasecca
la Villa
Contrada
Cosana
Buzurou
(669)
Porri
Dego
Torresina
Vigliercchi
Gabutti
Lignera
Paroldo
Carretto
Ville
Rocchetta Cáiro
Roáscio
Camerana
Gamellona
Mondoni
Barbei
Saliceto
Sale San Giovanni
Sale d.Langhe
San Michele
Cáiro Montenotte
Camponuovo
Bric del Tesoro
855
Viglione
Cengio
Bórmida
CEVA
Priero
Cevetta
Montezémolo
MILLÉSIMO
Millésimo
Cosseria
Ceva
Poggi
Santo Spirito
Campetto
Roccavignale
Cárcare
Ferrania
Altare-Cárcare
Ca Lidora
Plódio
Castelnuovo di Ceva
Nucetto
Perlo
Santuário Madonna del Deserto
Acquafredda
Pállare
Altare
Savona
Parco Reg. di Bric Tana
Colle di Cadibona
(435)
Damonte
Murialdo Piano
Montefreddo
Bagnasco
Muráglia
Valle
Isoletta
Bórmida di Millésimo
Ronchi
Fornelli
Olano
Roviasca
Quiliano
Mássimino
Ísola Grande
Monte Camulera
1224
Ronco di Máglio
1108
Mállare
Montagna
Riofreddo
Rossi
Osíglia
Palazzo Piantelli
Colle di S.Giácomo
Bórmida
le Tagliate
Caragnetta
Caragna
Maritani
Vétria
Monte Alto
956
Segno
Priola
Madonna della Neve
San Filippo
San Giórgio
Calizzano
Colle di Melogno
(1028)
Vezzi Pórtio
Spotorno
Frássino
Becco Badò
1293
Rialto
Feglino
Calvi
Vene
Orco
Borsana
Magnone
Pórtio
Mereta
Cálice Ligure
Boragni
Santuario
Quazzo
Isallo
Orco-Feglino
Garéssio
Bardineto
Eze
Finale Ligure
Strada
M.Carmo
1389
Magliolo
Tovo S.Giacomo
BORGO
Costa
Varigotti
Colle S.Bernardo
(957)
le Volte
(750)
Giusténice
Pia
Giogo di Toirano
(807)
Pietra Lig.
Verezzi
Bórgio
FINALE LIGURE
Ranzi Pietra
Verzi
S.ta di Alzabecchi
(693)
Gazzo
Pietra Ligure
Mura Antiche
Carpe
Grotte di Toirano
Boissano
Pizzo delle Penne
Berioli
Erli
Castelvécchio di Rocca Barbena
Toirano
LOANO
Città medioevale
Nasino
Castel
Vecérsio
Zuccarello
Borghetto Santo Spirito
Città medioevale
115
116

D
E
F
1
2
3
4
5
6
Ovada
OVADA
Prasco
Cremolino
Molare
Tagliolo Monferrato
Lerma
Mornese
Casaleggio Boiro
Belforte Monferrato
Laghi Lavagnina
Monte Lavagnina
Stura
Costa
Battagliosi
Serralunga
Cassinelle
Santuario delle Rocche
Monte d.Ratto
685
Bandita
San Luca
Lago di Ortiglieto
Rossiglione
Parco Capanne
Capanne Marcarolo
Lago Badana
Capannette
Campo Ligure
Ponzema
Piota
Caramagna
Arzello
Castelletto Erro
Cavatore
Póggio
Grognardo
Benzi
Ciglione
Vallósio
Villa Gatti
Visone
Piazza
Costa
Ponzone
Cartósio
Morbello Caldasio
Chiappino
Toleto
Malvicino
Meri
Arbiglia
Cimaferle
Abasse
Piàn Castagna
Olbicella
Moretti
Tiglieto
Badia
Acquabuona
Roboaro
Miogliola
Dogli
Mióglia
Maddalena
Acquabianca
Masone
Masone
P.so d. Turchino
(532)
1001
P.Martin
Sassello
(385)
Palo
Urbe
Erro
Rif.Cocco
Vara
Passo del Faiallo
(1061)
Orba
Veirera
Rovereazza
Turchino
Biscàccia
Fàbbriche
Acquasanta
Pontinvrea
1267
Monte Ermetta
Monte Argentea
1082
Colle del Giovo
(516)
Parco del Béigua
1148
Monte Rama
Mele
Génova-Voltri
Cantal
Santa Giustina
Terrarossa
Voltri
Alpicella
Arenzano
Lerca
Aeroporto
Corona
le Faie
Casanova
Arma
ARENZANO
Montenotte Superiore
San Martino
Arenzano Pineta
Stella
Cogoleto
36
Sanda
Varazze
Invrea
Piani d'Invrea
Ellera
Celle Ligure
VARAZZE
Albisola Superiore
Albisola
Santuário
San Bernardo
Cimavalle
Celle Ligure
Prom. Ad. Navalia
Albissola Marina
S. Cristoforo
SAVONA
Zinola
Vado Ligure
Porto di Vado
Bergeggi
Isola di Bergeggi
Spotorno
Noli
Citta medioevale
C.di Noli
L'Ile Rousse
Bastia
Riviera di Ponente
Golfo di Génova
A10
A26
334
542
456
29
45
30
53
13
5 km

A
B
C
1
2
3
4
5
6
Serravalle Scrivia
Serravalle Sc.
Tassarolo
Bisio
Libarna
Stazzano
Madonna di Monte Spineto
Vignole Borbera
Vignole
Arquata
Variano
Borghetto di Borbera
Torre Ratti
Persi
Borbera
Cantalupo Ligure
Pallavicino
1473
Caldirola
Monte Giarolo
Vendersi
Volpara
1433
Monte
Rocchetta Ligure
Albera Ligure
Figino
Lemmi
Grondona
Varinella
Variana
GAVI
Cristoforo
Parodi Ligure
Arquata Scrivia
Chiapparolo
Roccaforte Ligure
Sisola
Cabella Ligure
Piuzzo
Cornareto
31
Valle Scrivia
Pratolungo
Sermória
Carrósio
Alice
la Costa
San Martino
Piazzo
Montemanno
Vergagni
Rosano
Cerendero
Serra
Bósio
Sottovalle
Pietrabissara
Montessoro
Castello Spinola
Ragione
Monte Bóssola
1137
Dova Inferiore
Dágli
Mornese
Monte Zuccaro
767
Ísola del Cantone
Ísola d. C.
Vobbietta
Mongiardino Ligure
Gordena
Dova Superiore
Creverina
56
Griffoglieto
Monte Cravi
992
Arezzo
Casalbusone
Monte Lanzone
804
Voltággio
Villavécchia
Giovi
Ronco Scrivia
Pietrafráccia
Vóbbia
Noceto
Vallenzona
Berga
(894)
Magi
Laghi Lavagnina
Fraconalto
Borgo Fornari
Tegli
Ronco Scrivia
Semino
Parco dell'Antola
Monte Tóbbio
1092
Molini
Camarza
Crocefieschi
Alpe
1400
Monte Ánt
Tonno
Parco Capanne di Marcarolo
Freccia
35
Busalla
Savignone
Porcile
Capanne Marcarolo
Menta
Lago Bruno
Passo dei Giovi
(472)
Sorrivi
Nenno
Valbrevenna
Chiappa
Chioso
Senarega
San Bartolomeo
Montemaggio
Lago Badana
Cravasco
Lago Lungo
Pietralavezzara
Campora
Stábbio
Frassineto
M.Liprando
1122
Péntema
Capannette
Mignanego
Casella
Isoverde
Gallaneto
32
Serra Riccò
Crocetta di Orero
Orero
Avosso
33
Brómia
Torriglia
Donett
A P P E N N I
Langasco
Casalino
Montóggio
226
Marzano
Praglia
Gazzolo
Campomorone
Ceranesi
Pedemonte
Scrivia
Madonna d. Guardia
Acquafredda
Noci
1001
P.Martin
Pontedécimo
Sant'Olcese
Tercesi
(674)
Passo della Scoffera
A 7
Piccarello
E62
Creto
Lago di Val Noci
la Sella
San Carlo
Gen.-Bolzaneto
San Bernardo
Davagna
Marsíglia
Biscáccia
Carpenara
Varenna
Campi
Molassana
Lezzaru
Acquasanta
Bolzaneto
Cálvari
Bargagli
13
Génova-Voltri
Génova-Pegli
Dória
Dercogna
Rosso
Cantalupo
Rivarolo Ligure
Génova Est
Ferri
E 80
Bávari
19
Traso
Lumarzo
Quezzi
Vigánego
Medioevale
A12
Pegli
10
Gen.-Aeroporto
La Lanterna
San Desiderio
Terrusso
Pannesi
Aeroporto di Génova-C.Colombo
Cornigliano Ligure
Sampierdarena
Gen. Ovest
Génova Nervi
S.Ilario
Levá
Sessárego
Teriasca
Sussisa
Lago
Pieve Ligure
GÉNOVA
Sturla
NERVI
Bogliasco
Sori
Polánesi
43
CAMOGLI
Golfo di Génova
San Ro
Port
ta Chiappa
R i v
M A R E   L I G U R E
Tanger
Barcelona
L'île Rousse
Bastia
Porto-Torres
Palau
Termini Imerese
Ólbia, Arbatax
Cágliari
Tunis, Malta
Palermo
Civitavécchia
5 km

D
E
F
1
2
3
4
5
6
Montecapraro
Salogni
Bruggi
Negruzzo
Cencerate
Pianostano
Corbesassi
Lama
di Pregola
Lombardia
Corte Brugnatella
Pratolungo
Póggio Rondino
Lago
Marságlia
Corraro
Metteglia
Monte Aserei
Mareto
Poggioli
San Savino
Pian del Póggio
Monte Chiappo
1700
Casale Staffora
Passo del Giovà
1368
Monte Lésima
1724
Ponte Organasco
Carisasca
Ozzóla
Castelcanafurone
Cerignale
Zerba
Vesimo
Brugneto
(903)
Grondone
Solaro
Centenaro
Nure
Montaldo di Cósola
Monte Legna
1670
Tártago
Losso
Monte delle Tane
Tráschio
1198
Passo del Mercatello
(1053)
Perotti
Ferriere
Cartasegna
Belnome
Bogli
Suzzi
Monte Alfeo
1650
Bertone
Salsominore
Roveredo
Ottone
Gámbaro
Monte Megna
1379
Carrega Ligure
Alpe
Gorreto
Bertassi
Garbarino
Gramizzola
Orézzoli
Castagnola
Retorto
Selva
Perpuso
Monte Rágola
1710
Piemonte
Liguria
Fáscia
Pietranera
Foppiano
Boschi
Ísola
Rovegno
Monte Oramara
1522
Vicosoprano
Emilia-Romagna
Liguria
Monte Bue
1777
Monte Maggiorasca
1799
Caprile
Rondanina
Carpeneto
Propata
Loco
Casanova
Alpepiana
Rio Freddo
Santo Stefano d'Aveto
Lago del Brugneto
Canale
Fontanigorda
Rocca Bruna
1418
Caseléggio
Pievetta
Allegrezze
Villa
Mezzoni
Casoni
Rezzoáglio
Villanoce
Montebruno
Vallescura
Molini
Montegrosso
Alpicella
Costafontana
Trébbia
Monte Cóllere
1288
Villacella
Spora
Ceno
Cabanne
Priosa
Monte Aiona
1695
Monte Penna
1735
Parco dell' Aveto
Barbagelata
Aveto
Roccatagliata
Corsiglia
la Forcella
(876)
Temossi
Lago di Giacopiane
Prato
Sopralacroce
Grondana
Neirone
Medioevale
Ógnio
Álvari
Ventarola
Favale di Málvaro
Monteghirfo
Mocónesi
Castagnelo
Lorsica
Monte Ramaceto
1345
Brizzolara
Santa Maria del Taro
Pelosa
Gattorna
Ferrada
Dezerega
Verzi
Croce d'Orero
Borzonasca
Borzone
Passo del Bocco
(1083)
Cássego
Uscio
Tribogna
Acqua
Cichero
Baranzuolo
Montemoggio
San Siro Foce
Scurtabò
Cicagna
Orero
Pianezza
Mezzavalle
Borgonovo Ligure
Sóglio
Pian dei Ratti
Codivara
Comunéglia
S. Andrea di Foggia
Coreglia Ligure
Certenoli
Prati
Mezzanego
Réppia
Valletti
Avéggio
Rapallo
Santuário N.S. di Montallegro
Terrarossa
Prato
Arzeno
Passo della Biscia
Recco
San Massimo
RAPALLO
San Colombano
Léivi
Paggi
Ne
Chiesanuova
Bocco
Carasco
Conscenti
Nascio
Statale
Maissana
San Lorenzo della Costa
Zoagli
Chiávari
Panesi
Disconesi
Basilica d. Fieschi
Frisolino
SANTA MARGHERITA LIGURE
Cogorno
Lavagna
Parco di Portofino
CHIÁVARI
Monte Doménico
San Fruttuoso
PORTOFINO
LAVAGNA
Loto
Libiola
Pta Portofino
San Bernardo
Tassani
Bargone
Colle di Velva
Cavi
Sestri L.
Riviera
Casarza Ligure
Castiglione Chiavarese
SESTRI LEVANTE
Bracco
Riviera di Levante
Pta Manara
Pta Baffe
MONEGLIA
Mézzema
Lemeglio
Déiva Marina

119

A
B
C
1
2
3
4
5
6
Parco dell' Aveto
Monte Aiona
1695
Monte Penna
1735
Liguria
Lago di Giacopiane
Temossi
Prato Sopralacroce
Brizzolara
Molini
Villacella
Montegrosso
Alpicella
Spora
Ceno
Montarsiccio
Caneso
1372
Carniglia
Foppiano
Taro
Grondana
Casale
Tarsogno
Pelosa
Santa Maria del Taro
Monte Zuccone
1423
BEDÓNIA
Strela
Compiano
BORGO VAL DI TARO
Tornolo
Isola
Pieve di Campi
Ravezza
San Quirico
Codogno
Albareto
Gotra
Buzzò
Tarsogno
Folta
Groppo
Boschetto
Passo di Cento Croci
(1050)
59
Taglieto
1287
Monte Ribone
Passo dei Due Santi
(1392)
Gotra
Forcella
Borzone
Passo del Bocco
(1083)
San Siro Foce
Montemóggio
Mezzavalle
Prati
Mezzánego
Cássego
Scurtabò
Cavizzano
Codivara
Comunéglia
Medioevale
VARESE LÍGURE
Valletti
Caranza
Porciorasco
Teviggio
1640
Monte Gottero
Adelano
Réppia
Arzeno
Passo della Biscia
Terrarossa
Prato
Ne
Paggi
Chiesanuova
Ossegna
Cembrano
Conscenti
Statale
Náscio
Medioevale
Maissana
Salterana
San Pietro Vara
Costola
Lisorno
Panesi
Basilica d. Fieschi
Frisolino
Disconesi
Colli
Salino
Vara
Antéssio
Toscana
Liguria
Cogorno
Lavagna
Monte Doménico
Loto
Libiola
Tavarone
523
Pera
Torza
566
Montale
Groppo
Rio
Pignona
Sasseta
San Bernardo
Tassani
Bargone
Colle di Velva
(545)
Chiama
Sesta Godáno
Scogna Superiore
Cavi
SESTRI LEVANTE
Sestri L. Riviera
Casarza Ligure
Castiglione Chiavarese
Medioevale
Velva
Castello
Ponte Santa Margherita
Carro
Pavareto
Ziona
Bergassana
Bracco
P.so d. Bracco
(613)
Monte Groppi
868
68
-Sup.
Cornice
Mángia
Brugnato-Borghetto di V.
Brugnato
P.ta Manara
P.ta Baffe
MONÉGLIA
Mézzema
Deiva M.
Mattarana
Carródano
-Inf.
Termine
Leméglio
Castagnola
Lévanto
l'Ago
Framura
566d
Monte Pistone
722
Borghetto di Vara
Déiva Marina
Anzo
Cassana
Stagno
Vignana
Casale
Oltre
Bonassola
Punta della Madonna
Legnaro
Pignone
LÉVANTO
3
Cervara
Bovécchio
Monterosso al Mare
Casella
Vernazza
P.ta d.Mesco
San Be...
Cinque Ter...
Corníglia
Manarola
Riomaggiore
Parco delle Cin...
105
Rivierea di Levante
MARE LIGURE
5 km

Brunelli
Belforte
Costerbosa
Berceto
Monte Cervellino
1492
Petrignacola
Carobbio
(700)
Baia
Miano
Castello
Roccaferrara
Grainana
Agna
Tugo
Passo della Cisa
(1039)
Corniglio
Ballone
Canetolo
Lago
Galleria di Borgallo
Passo del Bratello
(953)
Passo del Righedo
(973)
Bratto
Braia
Vincenzo
Valdena
Tovinaglia
30
Sivizzo
Polita
Mossale
Bellasola
Busco
Montebello
Zibana
Passo Cirone
(1255)
Grammatica
Passo di Ticchiano
(1154)
Sesta
Emilia-Romagna
Toscana
Monti
Polina
Grondola
Montaio
Molinello
Pracchiola
Groppodalosio
Casalina
Parco Nazionale dell' Appennino
Liana
Casarola
Monchio delle Corti
Lugagnano
Cervara
(707)
1245
Versola
Lagdei
Lago Santo
Prato
Pianadetto
Monte Grezzano
Arzengio
Rif.E.Mattei
Monte Marmagna
Valditacca
Trefiumi
Rimagna
Bassone
Magra
Ceretoli
Prati di Logarghena
Medioevale
PONTREMOLI
Medioevale
Rocca Sigillina
Monte Sillara
1861
Lago Ballone
L. Verde
Riogso
Prato Spilla
(1200)
Formentara
Codolo
Dozzano
Serravalle
Lusignana
Patigno
Techia Rossa
Valle
Torrano
Caprio
Gigliana
Biglo
Valle
Pontremoli
1791
Coloretta
Arzelato
Pontice
Irola
Monte Bocco
Passo Lagastrello
Lunigiana
Busatica
Arpiola
62
Filattiera
Orturano
Compione
Rossano
Castoglio
Pozzo
Mocrone
Bagnone
Medioevale
Collesino
Treponecco
Mulazzo
San Benedetto
Malgrate
Tavernelle
Bosco di Rossano
Montereggio
Groppoli
Virgoletta
Pieve
Ripola
Prota
Villafranca in Lunigiana
Castiglione
Grecciola
Varano
Comano
Vezzanelli
Canossa
Gabbiana
Casoni
Parana
Pieve di Castevoli
E33
18
Strada del Vino
Merizzo
Licciana Nardi
665
Baccana
943
Arlia
Suvero
Bastia
Cisigliana
Villagrossa
Villecchia
Lusuolo
Castello
Tresana
Fornoli
Pieve di Monti
Cuccarello
Agnino
Pognana
Rocchetta di Vara
Piazza
Calice al Cornoviglio
Groppo
Barbarasco
Vaccareccia
Magliano
Fivizzano
Medioevale
Brugnato
Garbugliaga
Olivola
Posara
Giovagallo
Montecurto
Moncigoli
Sannaco
Madrignano
Pegui
Novegigola
Aulla
Aulla
Soliera
Spicciano
44
Montedivalli
Podenzana
Pallerone
Rometta
Gassano
A12
Luscignano
Metti
E80
Bibola
63
Colla
Beverino
Bolano
A15
Gragnola
Vara
Piana Battolla
San Cipriano
Canova
Albiano
Gorasco
Tivegna
Vecchietto
Vezzanello
Pian di Barca
Ceparana
Caprigliola
San Terenzo
Aiola
Folla
Sorbolo
Carnea
Ponzanello
Tendola
Gravegla
Piano di Follo
Santo Stefano di Magra
Cecina
Bastremoli
Falcinello
446
Marciaso
Tenerano
Ricco del Golfo di Spezia
La Spezia
Magra
Carignano
Giucano
Pulica
330
Ponzano Magra
Buonviaggio
Vezzano Ligure
Fosdinovo
Parco Regionale delle Alpi Apuane
18
SARZANA
Rif.Belvedere
Rif.Carrara
LA SPEZIA
Termo
Caniparola
Castelpoggio
Medioevale
Castelnuovo Magra
Gragnana
Piastra
A15
Stagnoni
Melara
Arcola
Sarzana
Ortonovo
Torano
Biassa
Trebiano
Romito
CARRARA
Pitelli
331
Marola
Cadimare
S.Terenzo
San Rocco
Luni
Malicciara
Campiglia
530
LÉRICI
Ameglia
Lama
Isola
Fezzano
Schiara
Bedizzano
Golfo della Spezia
Fiascherino
Tellaro
432
Le Grazie
Strada del Vino
PORTOVÉNERE
Le Figarole
Strada Panoramica
Carrara
Gr. Azzurra
Parco di Portovenere
Montemarcello
Marinella di Sarzana
Isola Palmária
Grotta Azzurra
Marina di Carrara
Cinque Terre
P.ta Bianca
Isola del Tino
Massa
Bastia, Palau, Golfo Aranci, Olbia, Tunis
Marina di Massa
Marina dei Ronchi

Chiesanova
Molino di Fontana
M. Crocettola 606
C.se il Serro 583
M. Serro
C. Parodini 523
Gaeta
C. Martello
C.se Stalle 492
C. Sottana
C. Lunga
M. del Soccorso 213
Madonna del Soccorso
M. Soviore 619
Costa
C. Basino
Valletti
Colla di Gritta
M. Molinelli 396
La Costa 405
Madonna di Soviore
C. Niccolino 517
C. Marchi 428
Valle di Giacca
Le Rocche
C. Lizza 270
Pian di Mezzano
C. Pavi 460
M. Maso 270
C. Miggia 145
Soviore
Colle Eretina
C. Garola 532
C. Terme
C. Campasso
Carmo
Fegina
Acquapendente
AV-5T
Carpile
Villa Mesco
Palestra
C. Belfiore
M. S. Croce 612
C.se Prearino
Drignana
C. Fuisso
Torre Aurora
La Grotta
Costa Linaro
Bellavista 139
MONTEROSSO al Mare
Madonna di Reggio
Riva
Punta Molinara
S. Bernardo
313
Scoglio del Frate
Grotta Marmona
La Cava
C. Oliveti
Punta Lina
VERNAZZA 40
Punta Mesco
Macereto
Parco
Levanto, Sestri Levante
Punta Palma
Nazional
de
1 km

Portovenere, La Spezia

Im Register sind alle in diesem Reiseführer erwähnten Orte und Ausflugsziele verzeichnet. Halbfette Seitenzahlen verweisen auf den Haupteintrag, kursive auf ein Foto.

Abbazia Borzone 89
Alassio 7, 21, **27ff.**
Albenga 21, 28, **30,** *31,* 93
Albisola Superiore *22,* **45**
Albissola Marina 23, **45**
Altare 23
Alta Valle Argentina 88
Alta Via dei Monti Liguri **15,** 95
Altopiano delle Manie **35f.,** 94
Ameglia 60
Andora 98
Andora Castello 32
Apricale 39, *88,* **89**
Arcagna 47
Arenzano 93
Argentinatal 43, **87f.,** 93, 95
Badalucco 21, 39
Baia del Sole 27, 31
Baiardo 25
Bardino Vecchio 35
Basilica dei Fieschi **54f.,** 89
Balzi Rossi 16, **47,** 95
Bergeggi 36f., 95
Boccadasse 85
Bonassola 74, **75**
Bordighera 7, 13, 16, 24, 27, **32f.,** 89
Borgio Verezzi 36
Borniga 88
Borzone 89
Bussana Vecchia 11, 23, **43**
Cadamare 74
Cala d'Oro 66
Camogli *9,* 14, 25, 49, **50ff.,** 67
Campiglia 91
Campochiesa d'Albenga 30
Camporosso 89
Carpasio 88
Casella 85
Cavi 55
Celle Ligure 45
Ceriale 97f.
Ceriana 24
Cervo 25, **39,** 98
Chiapparino 57
Chiavari **53f.,** 89, 106
Cicagna **57,** 90
Cimitero di Staglieno 85
Cinque Terre 10, 21, *68,* **69ff.,** *86,* 90f., *92,* 93, 95, 103, 106, 128
Cogoleto 14
Cogorno 55
Colla di Langan 88f.
Colla Micheri 31f.
Colle Melosa 88f.
Colletta di Castelbianco 11, **31**
Conscenti 55
Corniglia 70ff.
Diano Marina 39f.
Dolceacqua 21, **47,** 89
Dolcedo 39, 94
Fegina 71
Fiascherino 60
Finalborgo 34f.
Finale Ligure *26,* 27, **33ff.,** 93, 94, 97, 98, 106
Finale Marina 34f.
Finalpia 34f.
Fontanabuonatal 23, **57,** 90
Gambatesa 55
Garlenda 30f., 93
Genua 8, 10, 11, 13f., 15, 16f., 20, 21, 23, 25, 49, *76,* **77ff.,** 94, 97, 98, 100, 101, 103, 104, 106
Giardini Botanici Hanbury 13, **47**
Gravegliatal 54f.
Grimaldi-Grotten 47
Grimaldi Inferiore 46
Groppo 72, **73**
Grotte di Toirano 15f., 37, **98**
Guvano 74
Imperia 23, **37ff.,** 98
Isolabona 25, 89
Isolotto di Bergeggi 37, 95
Laigueglia 31f.
La Mortola 47
La Spezia 20, 25, **57ff.,** 61, 75
Lavagna **55,** 89
Lerici **59f.,** 94, 98
Levanto *25,* 74, **75,** 90, 94
Loreto 88
Lucinasco 39
Luni 60f.
Madonna della Guardia 85
Madonna delle Grazie 55
Madonna di Montallegro 67
Madonna di Soviore **70,** 91
Malpasso 37
Manarola 70ff.
Manie **35f.,** 94
Molini di Triora 20, **88**
Moneglia **55f.,** 89
Montalto Ligure 87f.
Monte Antola 53
Monte Beigua 95
Monte Caprazuppa 94
Monte Castello 91
Monte di Santa Croce 52
Monte Figogna 85
Montemarcello 59f.
Monte Penna 89
Montepertuso 91
Monterosso al Mare *68,* 70, **71ff.,** *86,* 90, 103
Muzzerone 91, 93
Ne 55
Nervi 49f., **85**
Noli 36f.
Nostra Signora di Montallegro **67,** 90
Oneglia 23, **38f.**
Palmaria 10, **62**
Paraggi 62, 64
Parco Monte Beigua 95
Parco Urbano delle Mura 94
Passo delle Cento Croci 57
Pieve Ligure 24, **52**
Pigna 21, **89**
Ponte delle Fate 37
Pontremoli 61
Portofino 9, 23, 25, 62, **64ff.,** 67, 95, 100
Porto Maurizio 37ff.
Portovenere 10, **61f.,** 74, 91
Pra 19
Principato di Seborga 33
Punta Chiappa 50, **52f.**
Punta Manara 56
Punta Mesco 74, 90
Rapallo 23, 25, **66f.,** 90, 93f.
Ravezza 88
Realdo 88
Recco 53
Rezzoaglio 89
Rialto 35
Righi 85
Riomaggiore 71ff.

Ruta 50
Salea 30
San Fruttuoso 25, 50, 66, **67**
San Lorenzo 56
San Lorenzo della Costa 64
San Massimo 67
San Remo 7, 13, 24, 27, **40ff.,** 87, 93, 103
San Rocco *9,* 50, 51
San Salvatore dei Fieschi **54f.,** 89
Santa Margherita Ligure 23, 25, **62ff.,** 67, 95, 100
San Terenzo 60
Sant'Olcese 21
Santo Stefano d'Aveto 89f.
Santuario della Madonna di Montallegro **67,** 90
Santuario di Nostra Signora della Guardia 85
Santuario Montenero 73
Sarzana 62
Savona 21, 24, **43f.,** 106
Seborga 33
Sella La Croce 91
Sestri Ponente 82
Sestri Levante *4,* 49, **56f.,** 89, 93
Soviore **70,** 91
Staglieno 85
Taggia 25, 39, 43, 87
Tellaro 60
Tinetto 10, **62**
Tino 10, **62**
Toirano 15f., 37, **98**
Torre di Mare 37
Torriglia 53
Triora 88
Val Fontanabuona 23, **57,** 90
Val Graveglia 54f.
Valle Argentina 43, **87f.,** 93, 95
Vallecrosia 33
Valloria 39
Val Ponci 37
Vara 95
Varazze **45,** 94
Varese Ligure 57
Varigotti **37,** 94
Ventimiglia 23, *24,* **45ff.,** 89
Verdeggia 38
Verezzi 36
Vernazza 71ff.
Via dell'Amore *69,* **74,** 75
Villa Faralci 40
Zoagli 23, **57**

Schreiben Sie uns!

Liebe Leserin, lieber Leser,

wir setzen alles daran, Ihnen möglichst aktuelle Informationen mit auf die Reise zu geben. Dennoch schleichen sich manchmal Fehler ein – trotz gründlicher Recherche unserer Autoren/innen. Sie haben sicherlich Verständnis, dass der Verlag dafür keine Haftung übernehmen kann. Wir freuen uns aber, wenn Sie uns schreiben.

Senden Sie Ihre Post an die MARCO POLO Redaktion, MAIRDUMONT, Postfach 31 51, 73751 Ostfildern, info@marcopolo.de

Impressum

Titelbild: Vernazza in den Cinque Terre (R. Freyer)
Fotos: R. Freyer (U. M., U. r., 1, 2 o., 4, 5 l., 5 r., 6, 17, 26, 27, 28, 31, 33, 34, 36, 37, 38, 41, 44, 46, 48, 49, 50, 54, 63, 70, 76, 83, 92, 96, 99, 111); HB Verlag (24); J. Holz (56, 65); G. Jung (61, 69, 91); laif: Celentano (U. l., 9, 11, 18, 58, 77, 80, 100), Kohlbecher (14), Zanettini (20, 22, 72, 95); O. Stadler (68, 86); T. Stankiewicz (7, 47, 84, 88); M. Thomas (2 u., 25); Touristik-Marketing (12)

3. (10.), aktualisierte Auflage 2007 © MAIRDUMONT, Ostfildern
Herausgeber: Ferdinand Ranft, Chefredakteurin: Marion Zorn
Redaktion: Nikolai Michaelis, Bildredaktion: Gabriele Forst
Kartografie Reiseatlas: © MAIRDUMONT, Ostfildern
Vermarktung: MAIRDUMONT MEDIA, media@mairdumont.com
Gestaltung: red.sign, Stuttgart
Sprachführer: in Zusammenarbeit mit Ernst Klett Sprachen GmbH, Stuttgart, Redaktion PONS Wörterbücher

Printed in Germany. Gedruckt auf 100% chlorfrei gebleichtem Papier

Bloß nicht!

Auch in Ligurien gibt es Dinge, die Ihnen als Tourist vermutlich keinen Spaß machen werden oder mit denen Sie anecken können

Diebe »einladen«
Ligurien ist eine recht sichere Gegend, wenn man die üblichen Vorsichtsmaßnahmen ergreift: das einsam geparkte Auto leer räumen, Wertsachen im Hotelsafe deponieren, auf Handtasche und Fotoapparat besonders gut aufpassen.

Rauchen
An öffentlichen Orten wie Bars, Restaurants, Hotels, in den Zügen ist das Rauchen verboten – und die Italiener halten sich daran!

Fälschungen kaufen
Beim Kauf von gefälschten Markenprodukten, etwa vom Straßen- oder Strandhändler, riskiert auch der Käufer hohe Bußgelder – einen Touristenbonus gibt es nicht!

Zimmer an der Bahntrasse
Beim Buchen Ihrer Unterkunft sollten Sie versuchen, Zimmer außer Hörweite der stark befahrenen Bahntrasse zu buchen, die so gut wie alle Rivieraorte durchzieht.

Ohne Schuhe im Wald und auf den Klippen
Im Hinterland Liguriens laden wunderbare Wälder mit Laubgehölz zum Spazierengehen ein. Dabei sollten Sie festes Schuhwerk tragen, denn der Weg ist oft genug voll spitzer Felsen, auch kann man giftigem Getier wie kleinen Schlangen begegnen. Für die Badeplätze auf Klippen und Kieseln empfehlen sich Plastiksandalen, auch als Schutz vor Seeigeln an Felsen unter Wasser.

Im Pulk durch die Cinque Terre
Wenn Sie in die Cinque Terre für einen Tagesausflug fahren wollen, vermeiden Sie möglichst die Wochenenden von Ostern bis September, denn da kann es schrecklich voll werden, und selbst gelassene Gemüter können die Schönheiten der Dörfer und der Natur nicht mehr entspannt genießen.

Unangemessene Kleidung
Bitte nicht in Shorts und mit unbedeckten Schultern Kirchen betreten, natürlich erst recht nicht während des Gottesdienstes.

Preise unterschätzen
Sie tut gut daran, sich bei bestimmten Dingen vorher nach dem Preis zu erkundigen: etwa vor Antritt einer Taxifahrt, bei der Bestellung des Hotelzimmers oder vor Inanspruchnahme einer Autowerkstatt. Oder bei Fisch, dessen Preis auf der Speisekarte sich normalerweise auf 100 Gramm *(etto)* bezieht.